HONORÉ
DE BALZAC

HONORÉ
DE BALZAC

PAR

THÉOPHILE GAUTIER

ÉDITION REVUE ET AUGMENTÉE, AVEC UN PORTRAIT
GRAVÉ A L'EAU-FORTE

PAR

E. HÉDOUIN

PARIS
POULET-MALASSIS ET DE BROISE
LIBRAIRES-ÉDITEURS
9, rue des Beaux-Arts

1859

Alençon. — Typ. de Poulet-Malassis et De Broise.

HONORÉ DE BALZAC

PAR

THÉOPHILE GAUTIER

ÉDITION REVUE ET AUGMENTÉE, AVEC UN PORTRAIT
GRAVÉ A L'EAU-FORTE

PAR

E. HÉDOUIN

PARIS
POULET-MALASSIS ET DE BROISE
LIBRAIRES-ÉDITEURS
9, rue des Beaux-Arts

1859

HONORÉ DE BALZAC

—

Vers 1835, nous habitions deux petites chambres dans l'impasse du Doyenné, à la place à peu près qu'occupe aujourd'hui le pavillon Mollien. Quoique situé au centre de Paris, en face des Tuileries, à deux pas du Louvre, l'endroit était désert et sauvage, et il fallait certes de la persistance pour nous y découvrir. Cependant un matin nous vîmes un jeune homme aux façons distinguées, à l'air cordial et spirituel, franchir notre seuil en s'excusant de s'introduire lui-même ; c'était Jules Sandeau : il venait nous recruter de la part de Balzac pour la *Chronique de Paris*, un journal hebdomadaire dont on a sans doute gardé le souvenir, mais qui ne réussit pas pécuniairement comme il le méritait. Balzac, nous dit Sandeau, avait lu *Mademoiselle de Maupin*, tout récemment parue alors, et il en avait fort admiré le style ; aussi désirait-il assurer notre collaboration à la feuille qu'il patronait et dirigeait. Un rendez-vous fut pris pour nous mettre en rapport, et de ce jour date entre nous une amitié que la mort seule rompit.

Si nous avons raconté cette anecdote, ce n'est pas parce qu'elle est flatteuse pour nous, mais parce qu'elle honore Balzac, qui, déjà illustre, faisait chercher un jeune écrivain obscur débutant d'hier et l'associait à ses travaux sur un pied de camaraderie et d'égalité parfaites. En ce temps, il est vrai, Balzac n'était pas encore l'auteur de la *Comédie humaine*, mais il avait fait, outre plusieurs nouvelles, la *Physiologie du Mariage*, la *Peau de chagrin*, *Louis Lambert*, *Seraphita*, *Eugénie Grandet*, l'*Histoire des Treize*, le *Médecin de Campagne*, le *Père Goriot*, c'est-à-dire, en temps ordinaire, de quoi fonder cinq ou six réputations. Sa gloire naissante, renforcée chaque mois de nouveaux rayons, brillait de toutes les splendeurs de l'aurore; et certes il fallait un vif éclat pour luire sur le ciel où éclataient à la fois Lamartine, Victor Hugo, de Vigny, de Musset, Sainte-Beuve, Alexandre Dumas, Mérimée, George Sand, et tant d'autres encore; mais à aucune époque de sa vie Balzac ne se posa en Grand Lama littéraire, et il fut toujours bon compagnon; il avait de l'orgueil, mais était entièrement dénué de vanité.

Il demeurait en ce temps-là au bout du Luxembourg, près de l'Observatoire, dans une petite rue peu fréquentée baptisée du nom de Cassini, sans doute à cause du voisinage astronomique. Sur le mur du jardin qui en occupait presque tout un côté, et au bout duquel se trouvait le pavillon habité par Balzac, on lisait : *Labsolu, marchand de briques*. Cette enseigne bizarre, qui subsiste encore, si nous ne nous trompons, nous frappa beaucoup ; la *Recherche de l'Absolu* n'eut peut-être pas d'autre point de départ. Ce nom fatidique a probablement suggéré à l'auteur l'idée de Balthasar Claës au pourchas de son rêve impossible.

Quand nous le vîmes pour la première fois, Balzac, plus âgé d'un an que le siècle, avait environ trente-six ans, et sa physionomie était de celles qu'on n'oublie plus. En sa présence, la phrase de Shakspeare sur César vous revenait à la mémoire : « Devant lui, la nature pouvait se lever hardiment et dire à l'univers : C'est là un homme! »

Le cœur nous battait fort, car jamais nous n'avons abordé sans tremblement un maître de la pensée, et tous les discours que nous avions préparés en chemin nous restèrent à la gorge pour ne laisser passer qu'une phrase stupide équivalant à celle-ci : Il fait aujourd'hui une belle température. Henri Heine, lorsqu'il alla visiter Gœthe, ne trouva non plus autre chose à dire, sinon que les prunes tombées des arbres sur la route d'Iéna à Weimar étaient excellentes contre la soif, ce qui fit doucement rire le Jupiter de la poésie allemande. Balzac, qui vit notre embarras, nous eut bientôt mis à l'aise, et pendant le déjeuner le sang-froid nous revint assez pour l'examiner en détail.

Il portait dès lors, en guise de robe de chambre, ce froc de cachemire ou de flanelle blanche retenu à la ceinture par une cordelière, dans lequel, quelque temps plus tard, il se fit peindre par Louis Boulanger. Quelle fantaisie l'avait poussé à choisir, de préférence à un autre, ce costume qu'il ne quitta jamais? nous l'ignorons, peut-être symbolisait-il à ses yeux la vie claustrale à laquelle le condamnaient ses labeurs, et, bénédictin du roman, en avait-il pris la robe? Toujours est-il que ce froc blanc lui séyait à merveille. Il se vantait, en nous montrant ses manches intactes, de n'en avoir jamais altéré la pureté par la moindre tache d'encre, « car, disait-il, le vrai littérateur doit être propre dans son travail. »

Son froc rejeté en arrière laissait à découvert son col d'athlète ou de taureau, rond comme un tronçon de colonne, sans muscles apparents et d'une blancheur satinée qui contrastait avec le ton plus coloré de la face. A cette époque, Balzac, dans toute la force de l'âge, présentait les signes d'une santé violente peu en harmonie avec les pâleurs et les verdeurs romantiques à la mode. Son pur sang tourangeau fouettait ses joues pleines d'une pourpre vivace et colorait chaudement ses bonnes lèvres épaisses et sinueuses, faciles au rire; de légères moustaches et une mouche en accentuaient les contours sans les cacher; le nez, carré du bout, partagé en deux lobes, coupé de narines bien ouvertes, avait un caractère tout à fait original et particulier; aussi Balzac, en posant pour son buste, le recommandait-il à David d'Angers: « Prenez garde à mon nez; — mon nez c'est un monde! — » Le front était beau, vaste, noble, sensiblement plus blanc que le masque, sans autre pli qu'un sillon perpendiculaire à la racine du nez; les protubérances de la mémoire des lieux formaient une saillie très-prononcée au-dessus des arcades sourcilières; les cheveux abondants, longs, durs et noirs, se rebroussaient en arrière comme une crinière léonine. Quant aux yeux, il n'en exista jamais de pareils. Ils avaient une vie, une lumière, un magnétisme inconcevables. Malgré les veilles de chaque nuit, la sclérotique en était pure, limpide, bleuâtre, comme celle d'un enfant ou d'une vierge, et enchâssait deux diamants noirs qu'éclairaient par instants de riches reflets d'or: c'étaient des yeux à faire baisser la prunelle aux aigles, à lire à travers les murs et les poitrines, à foudroyer une bête fauve furieuse, des yeux de souverain, de voyant, de dompteur.

Madame E. de Girardin, dans son roman intitulé la *Canne de M. de Balzac,* parle de ces yeux éclatants:

« Tancrède aperçut alors, au front de cette sorte de massue, des turquoises, de l'or, des ciselures merveilleuses; et derrière tout cela de grands yeux noirs plus brillants que les pierreries. »

Ces yeux extraordinaires, dès qu'on avait rencontré leur regard, empêchaient de remarquer ce que les autres traits pouvaient présenter de trivial ou d'irrégulier.

L'expression habituelle de la figure était une sorte d'hilarité puissante, de joie rabelaisienne et monacale — le froc contribuait sans doute à faire naître cette idée — qui vous faisaient penser à frère Jean des Entommeures, mais agrandi et relevé par un esprit de premier ordre.

Selon son habitude, Balzac s'était levé à minuit et avait travaillé jusqu'à notre arrivée. Ses traits n'accusaient cependant aucune fatigue, à part une légère couche de bistre sous les paupières, et il fut pendant tout le déjeuner d'une gaieté folle. Peu à peu la conversation dériva vers la littérature, et il se plaignit de l'énorme difficulté de la langue française. Le style le préoccupait beaucoup, et il croyait sincèrement n'en pas avoir. Il est vrai qu'alors on lui refusait généralement cette qualité. L'école de Hugo, amoureuse du XVIe siècle et du moyen-âge, savante en coupes, en rhythmes, en structures, en périodes, riche de mots, brisée à la prose par la gymnastique du vers, opérant d'ailleurs d'après un maître aux procédés certains, ne faisait cas que de ce qui était *bien écrit*, c'est-à-dire travaillé et monté de ton outre mesure, et trouvait de plus la représentation des mœurs modernes inutile, bourgeoise et manquant de lyrisme. Balzac, malgré la vogue dont il commençait à jouir dans le public, n'était donc pas admis parmi les dieux du romantisme, et il le savait. Tout en dévorant ses livres, on ne s'arrêtait pas à leur côté sérieux, et même pour ses admirateurs, il resta longtemps — le plus fécond de nos romanciers, — et pas autre chose; — cela surprend aujourd'hui, mais nous pouvons répondre de la vérité de notre assertion. Aussi se donnait-il un mal horrible afin d'arriver au style, et, dans son souci de correction, consultait-il des gens qui lui étaient cent fois inférieurs. Il avait, disait-il, avant de rien signer, écrit, sous différents pseudonymes (Horace de Saint-Aubin, L. de Viellerglé, etc.), une centaine de volumes « pour se délier la main. » Cependant il possédait déjà sa forme sans en avoir la conscience.

Mais revenons à notre déjeuner. Tout en causant, Balzac jouait avec son couteau ou sa fourchette, et nous remarquâmes ses mains qui étaient d'une beauté rare, de vraies mains de prélat, blanches, aux doigts menus et potelés, aux ongles roses et brillants ; il en avait la coquetterie et souriait de plaisir quand on les regardait. Il y attachait un sens de race et d'aristocratie. Lord Byron dit, dans une note, avec une visible satisfaction, qu'Ali-Pacha lui fit compliment de la petitesse de son oreille, et en inféra qu'il était bon gentilhomme. Une semblable remarque sur ses mains eût également flatté Balzac, et plus que l'éloge d'un de ses livres. Il avait même une sorte de prévention contre ceux dont les extrémités manquaient de finesse. Le repas était assez délicat ; un pâté de foie gras y figurait, mais c'était une dérogation à sa frugalité habituelle, comme il le fit remarquer en riant, et pour « cette solennité » il avait emprunté des couverts d'argent à son libraire !

Nous nous retirâmes après avoir promis des articles pour la *Chronique de Paris*, où parurent le *Tour en Belgique*, la *Morte amoureuse*, la *Chaîne d'Or*, et autres travaux littéraires. Charles de Bernard, appelé aussi par Balzac, y fit la *Femme de Quarante Ans*, la *Rose jaune*, et quelques nouvelles recueillies depuis en volumes. Balzac, comme on sait, avait inventé la femme de trente ans ; son imitateur ajouta deux lustres à cet âge déjà vénérable, et son héroïne n'en obtint pas moins de succès.

Avant d'aller plus loin, arrêtons-nous un peu et donnons quelques détails sur la vie de Balzac antérieurement à notre connaissance avec lui. Nos autorités seront madame de Surville, sa sœur, et lui-même.

Balzac naquit à Tours, le 16 mai 1799, le jour de la fête de saint Honoré dont on lui donna le nom, qui parut bien sonnant et de bon augure. Le petit Honoré ne fut pas un enfant prodige; il n'annonça pas prématurément qu'il ferait la *Comédie humaine*. C'était un garçon frais, vermeil, bien portant, joueur, aux yeux brillants et doux, mais que rien ne distinguait des autres, du moins à des regards peu attentifs. A sept ans, au sortir d'un externat de Tours, on le mit au collége de Vendôme, tenu par des Oratoriens, où il passa pour un élève très-médiocre.

La première partie de *Louis Lambert* contient, sur ce temps de la vie de Balzac, de curieux renseignements. Dédoublant sa personnalité, il s'y peint comme ancien condisciple de Louis Lambert, tantôt parlant en son nom, et tantôt prêtant ses propres sentiments à ce personnage imaginaire, mais pourtant très-réel, puisqu'il est une sorte d'objectif de l'âme même de l'écrivain.

« Situé au milieu de la ville, sur la petite rivière du Loir qui en baigne les bâtiments, le collége forme une vaste enceinte où sont enfermés les établissements nécessaires à une institution de ce genre : une chapelle, un théâtre, une infirmerie, une boulangerie, des cours d'eau. Ce collége, le plus célèbre foyer d'instruction que possèdent les provinces du centre, est alimenté par elles et par nos colonies. L'éloignement ne permet donc pas aux parents d'y venir souvent voir leurs enfants; la règle interdisait d'ailleurs les vacances externes. Une fois entrés, les élèves ne sortaient du collége qu'à la fin de leurs études. A l'exception des promenades faites extérieurement sous la conduite des Pères, tout avait été calculé pour donner à cette maison les avantages de la discipline conventuelle. De mon temps, le correcteur était encore un vivant souvenir, et la férule de cuir y jouait avec honneur son terrible rôle. »

C'est ainsi que Balzac peint ce formidable collége, qui laissa dans son imagination de si persistants souvenirs.

Il serait curieux de comparer la nouvelle intitulée *William Wilson*, où Edgar Poe décrit, avec les mystérieux grossissements de l'enfance, le vieux bâtiment du temps de la reine Elisabeth où son héros est élevé avec un compagnon non moins étrange que Louis Lambert; mais ce n'est pas ici le lieu de faire ce rapprochement, que nous nous contentons d'indiquer.

Balzac souffrit prodigieusement dans ce collége, où sa nature rêveuse était meurtrie à chaque instant par une règle inflexible. Il négligeait de faire ses devoirs ; mais, favorisé par la complicité tacite d'un répétiteur de mathématiques, en même temps bibliothécaire et occupé de quelque ouvrage transcendental, il ne prenait pas sa leçon et emportait les livres qu'il voulait. Tout son temps se passait à lire en cachette. Aussi fut-il bientôt l'élève le plus puni de sa classe. Les pensums, les retenues absorbèrent le temps des récréations.

A certaines natures d'écoliers, les châtiments inspirent une sorte de rébellion stoïque, et ils opposent aux professeurs exaspérés la même impassibilité dédaigneuse que les guerriers sauvages captifs aux ennemis qui les torturent. Ni le cachot, ni la privation d'aliments, ni la férule ne parviennent à leur arracher la moindre plainte ; ee sont alors entre le maître et l'élève des luttes horribles, inconnues des parents, où la constance des martyrs et l'habileté des bourreaux se trouvent égalées. Quelques professeurs nerveux ne peuvent supporter le regard plein de haine, de mépris et de menace par lequel un bambin de huit ou dix ans les brave.

Rassemblons ici quelques détails caractéristiques qui, sous le nom de Louis Lambert, reviennent à Balzac. « Accoutumé au grand air, à l'indépendance d'une éducation laissée au hasard, caressé par les tendres soins d'un vieillard qui le chérissait, habitué à penser sous le soleil, il lui fut bien difficile de se plier à la règle du collége, de marcher dans le rang, de vivre entre les quatre murs d'une salle où quatre-vingts jeunes gens étaient silencieux, assis sur un banc de bois, chacun devant son pupitre. Ses sens possédaient une perfection qui leur donnait une exquise délicatesse, et tout souffrit chez lui de cette vie en commun; les exhalaisons par lesquelles l'air était corrompu, mêlées à la senteur d'une classe toujours sale et encombrée des débris de nos déjeuners et de nos goûters, affectèrent son odorat, ce sens qui, plus directement en rapport que les autres avec le système cérébral, doit causer par ses altérations d'invincibles ébranlements aux organes de la pensée; outre ces causes de corruption atmosphérique, il se trouvait dans nos salles d'étude des baraques où chacun mettait son butin, les pigeons tués pour les jours de fête ou les mets dérobés au réfectoire. Enfin nos salles contenaient encore une pierre immense où restaient en tout temps deux seaux pleins d'eau où nous allions chaque matin nous débarbouiller le visage et nous laver les mains à tour de rôle, en présence du maître. Nettoyé une seule fois par jour, avant notre réveil, notre local demeurait toujours malpropre. Puis, malgré le nombre des fenêtres et la hauteur de la porte, l'air y était incessamment vicié par les émanations du lavoir, de la baraque, par les mille industries de chaque écolier, sans compter nos quatre-vingts corps réunis. — Cette espèce d'humus collégial, mêlé sans cesse à la boue que nous rapportions des cours, formait un fumier d'une insupportable puanteur. La privation de l'air pur et parfumé des campagnes dans lequel il avait jusqu'alors vécu, le changement de ses habitudes, la discipline, tout contrista Lambert. La tête toujours appuyée sur sa main gauche et le bras accoudé à son pupitre, il passait les heures d'étude à regarder dans la cour le feuillage des arbres ou les nuages du ciel. Il semblait étudier ses leçons; mais, voyant sa plume immobile ou sa page restée blanche, le régent lui criait : Vous ne faites rien, Lambert. »

A cette peinture si vive et si vraie des souffrances de la vie de collége, ajoutons encore ce morceau où Balzac, se désignant dans sa dualité sous le double sobriquet de Pythagore et du Poète, l'un porté par la moitié de lui-même personnifiée en Louis Lambert, l'autre par la moitié de son identité avouée, explique admirablement pourquoi il passa aux yeux des professeurs pour un enfant incapable :

« Notre indépendance, nos occupations illicites, notre fainéantise apparente, l'engourdissement dans lequel nous restions, nos punitions constantes, notre répugnance pour nos devoirs et nos pensums, nous valurent la réputation d'être des enfants lâches et incorrigibles : nos maîtres nous méprisèrent, et nous tombâmes également dans le plus affreux discrédit auprès de nos camarades, à qui nous cachions nos études de contrebande par crainte de leurs moqueries. Cette double mésestime, injuste chez les Pères, était un sentiment naturel chez nos condisciples; nous ne savions ni jouer à la balle, ni courir, ni monter sur les échasses aux jours d'amnistie, quand par hasard nous obtenions un instant de liberté; nous ne partagions aucun des plaisirs à la mode dans le collége; étrangers aux jouissances de nos camarades, nous restions seuls, mélancoliquement assis sous quelque arbre de la cour. Le Poète et Pythagore furent donc une exception, une vie en dehors de la vie commune. L'intinct si pénétrant, l'amour-propre si délicat des écoliers, leur firent pressentir des esprits situés plus haut ou plus bas que ne l'étaient les leurs; de là, chez les uns, haine de notre muette aristocratie; chez les autres, mépris de notre inutilité; ces sentiments étaient entre nous à notre insu, peut-être ne les ai-je devinés qu'aujourd'hui. Nous vivions donc exactement comme deux rats tapis dans un coin de la salle où étaient nos pupitres, également retenus là durant les heures d'étude et pendant celles des récréations. »

Le résultat de ces travaux cachés, de ces méditations qui prenaient le temps des études, fut ce fameux *Traité de la Volonté* dont il est parlé plusieurs fois dans la *Comédie humaine*. Balzac regretta toujours la perte de cette première œuvre qu'il esquisse sommairement dans *Louis Lambert*, et il raconte avec une émotion que le temps n'a pas diminuée la confiscation de la boîte où était serré le précieux manuscrit ; des condisciples jaloux essayent d'arracher le coffret aux deux amis qui le défendent avec acharnement : « Soudain, attiré par le bruit de la bataille, le père Haugoult intervint brusquement et s'enquit de la dispute. Ce terrible Haugoult nous ordonna de lui remettre la cassette; Lambert lui livra la clef, le régent prit les papiers, les feuilleta; puis il dit en les confisquant: — Voilà donc les bêtises pour lesquelles vous négligez vos devoirs! — De grosses larmes tombèrent des yeux de Lambert, arrachées autant par la conscience de sa supériorité morale offensée que par l'insulte gratuite et la trahison qui nous accablaient. — Le père Haugoult vendit probablement à un épicier de Vendôme le *Traité de la Volonté*, sans connaître l'importance des trésors scientifiques dont les germes avortés se dissipèrent en d'ignorantes mains. »

Après ce récit il ajoute : « Ce fut en mémoire de la catastrophe arrivée au livre de Louis que dans l'ouvrage par lequel commencent ces études je me suis servi pour une œuvre fictive du titre réellement inventé par Lambert, et que j'ai donné le nom (Pauline) d'une femme qui lui fut chère à une jeune fille pleine de dévouement. »

En effet, si nous ouvrons la *Peau de Chagrin*, nous y trouvons dans la confession de Raphaël les phrases suivantes : « Toi seul admiras ma *Théorie de la Volonté*, ce long ouvrage pour lequel j'avais appris les langues orientales, l'anatomie, la physiologie, auquel j'avais consacré la plus grande partie de mon temps, œuvre qui, si je ne me trompe, complétera les travaux de Mesmer, de Lavater, de Gall, de Bichat, en ouvrant une nouvelle route à la science humaine ; là s'arrête ma belle vie, ce sacrifice de tous les jours, ce travail de ver à soie, inconnu au monde, et dont la seule récompense est peut-être dans le travail même ; depuis l'âge de raison jusqu'au jour où j'eus terminé ma *Théorie*, j'ai observé, appris, écrit, lu sans relâche, et ma vie fut comme un long pensum ; amant efféminé de la paresse orientale, amoureux de mes rêves, sensuel, j'ai toujours travaillé, me refusant à goûter les jouissances de la vie parisienne; gourmand, j'ai été sobre; aimant la marche et les voyages maritimes, désirant visiter des pays, trouvant encore du plaisir à faire comme un enfant des ricochets sur l'eau, je suis resté constamment assis une plume à la main; bavard, j'allais écouter en silence les professeurs aux cours publics de la Bibliothèque et du Muséum; j'ai dormi sur mon grabat solitaire comme un religieux de l'ordre de Saint Benoît, et la femme était cependant ma seule chimère, une chimère que je caressais et qui me fuyait toujours! »

Si Balzac regretta le *Traité de la Volonté*, il dut être moins sensible à la perte de son poëme épique sur les Incas, qui commençait ainsi :

O Inca, ô roi infortuné et malheureux !

inspiration malencontreuse qui lui valut, tout

le temps qu'il resta au collége, le sobriquet dérisoire de *poëte*. Balzac, il faut l'avouer, n'eut jamais le don de poësie, de versification du moins ; sa pensée si complexe resta toujours rebelle au rhythme.

De ces méditations si intenses, de ces efforts intellectuels vraiment prodigieux chez un enfant de douze ou quatorze ans, il résulta une maladie bizarre, une fièvre nerveuse, une sorte de *coma* tout à fait inexplicable pour les professeurs qui n'étaient pas dans le secret des lectures et des travaux du jeune Honoré, en apparence oisif et stupide ; nul ne soupçonnait au collége ces précoces excès d'intelligence, et ne savait qu'au cachot, où il se faisait mettre journellement afin d'être libre, l'écolier cru paresseux avait absorbé toute une bibliothèque de livres sérieux et au-dessus de la portée de son âge.

Cousons ici quelques lignes curieuses sur la

faculté de lecture attribuée à Louis Lambert, c'est-à-dire à Balzac :

« En trois ans, Louis Lambert s'était assimilé la substance des livres qui, dans la bibliothèque de son oncle, méritaient d'être lus. L'absorption des idées par la lecture était devenue chez lui un phénomène curieux : son œil embrassait sept ou huit lignes d'un coup, et son esprit en appréciait le sens avec une vélocité pareille à celle de son regard. Souvent même un mot dans la phrase suffisait pour lui en faire saisir le suc. Sa mémoire était prodigieuse. Il se souvenait avec une même fidélité des pensées acquises par la lecture et de celles que la réflexion ou la conversation lui avaient suggérées. Enfin il possédait toutes les mémoires : celles des lieux, des noms, des mots, des choses, des figures ; non-seulement il se rappelait les objets à volonté, mais encore il les revoyait en lui-même éclairés et colorés comme ils l'étaient au moment où il les avait aperçus. Cette puissance s'appliquait également aux actes les plus insaisissables de l'entendement. Il se souvenait, suivant son expression, non-seulement du gisement des pensées dans le livre où il les avait prises, mais encore des dispositions de son âme à des époques éloignées. »

Ce merveilleux don de sa jeunesse, Balzac le conserva toute sa vie, accru encore, et c'est par lui que peuvent s'expliquer ses immenses travaux, — véritables travaux d'Hercule.

Les professeurs effrayés écrivirent aux parents de Balzac de le venir chercher en toute hâte. Sa mère accourut et l'enleva pour le ramener à Tours. L'étonnement de la famille fut grand lorsqu'elle vit l'enfant maigre et chétif que le collége lui renvoyait à la place du chérubin qu'il avait reçu, et la grand'mère d'Honoré en fit la douloureuse remarque. Non-seulement il avait perdu ses belles couleurs, son frais embonpoint, mais encore, sous le coup d'une congestion d'idées, il paraissait imbécile. Son attitude était celle d'un extatique, d'un somnambule qui dort les yeux ouverts : perdu dans une rêverie profonde, il n'entendait pas ce qu'on lui disait, ou son esprit, revenu de loin, arrivait trop tard à la réponse. Mais le grand air, le repos, le milieu caressant de la famille, les distractions qu'on le forçait de prendre et l'énergique sève de l'adolescence eurent bientôt triomphé de cet état maladif. Le tumulte causé dans cette jeune cervelle par le bourdonnement des idées s'apaisa. Les lectures confuses se classèrent peu à peu ; aux abstractions vinrent se mêler des images réelles, des observations faites silencieusement sur le vif ; tout en se promenant et en jouant, il étudiait les jolis paysages de la Loire, les types de province, la cathédrale de Saint-Gatien et les physionomies caractéristiques des prêtres et des chanoines; plusieurs cartons qui servirent plus tard à la grande fresque de la *Comédie* furent certainement esquissés pendant cette inaction féconde. Pourtant, pas plus dans la famille qu'au collége, l'intelligence de Balzac ne fut devinée ou comprise. Même s'il lui échappait quelque chose d'ingénieux, sa mère, femme supérieure cependant, lui disait : « Sans doute, Honoré, tu ne comprends pas ce que tu dis là ? » Et Balzac de rire, sans s'expliquer davantage, de ce bon rire qu'il avait. M. de Balzac père, qui tenait à la fois de Montaigne, de Rabelais et de l'oncle Toby, par sa philosophie, son originalité et sa bonté (c'est madame de Surville qui parle), avait un peu meilleure opinion de son fils, d'après certains systèmes génésiaques qu'il s'était faits et d'où il résultait qu'un enfant procréé par lui ne pouvait être un sot : toutefois il ne soupçonnait nullement le futur grand homme.

La famille de Balzac étant revenue à Paris, il fut mis en pension chez M Lepitre, rue Saint-Louis, et chez MM. Sganzer et Beuzelin, rue Thorigny au Marais. Là, comme au collége de Vendôme, son génie ne se décela point, et il resta confondu parmi le troupeau des écoliers ordinaires. Aucun pion enthousiasmé ne lui dit : — *Tu, Marcellus eris!* — ou : *Sic itur ad astra!*

Ses classes finies, Balzac se donna cette seconde éducation qui est la vraie ; il étudia, se perfectionna, suivit les cours de la Sorbonne et fit son droit, tout en travaillant chez l'avoué et le notaire. Ce temps, perdu en apparence, puisque Balzac ne fut ni avoué, ni notaire, ni avocat, ni juge, lui fit connaître le personnel de la Bazoche et le mit à même d'écrire plus tard, de façon à émerveiller les hommes du métier, ce que nous pourrions appeler le contentieux de la *Comédie humaine*.

Les examens passés, la grande question de la carrière à prendre se présenta. On voulait faire de Balzac un notaire; mais le futur grand écrivain, qui, bien que personne ne crût à son génie, en avait la conscience, refusa le plus respectueusement du monde, quoiqu'on lui eût ménagé une charge à des conditions très-favorables. Son père lui accorda deux ans pour faire ses preuves, et comme la famille retournait en province, madame de Balzac installa Honoré dans une mansarde, en lui allouant une pension suffisante à peine aux plus stricts besoins, espérant qu'un peu de vache enragée le rendrait plus sage.

Cette mansarde était perchée rue de Lesdiguières, n° 9, près de l'Arsenal, dont la bibliothèque offrait ses ressources au jeune travailleur. Sans doute, passer d'une maison abondante et luxueuse à un misérable réduit serait une chose dure à un tout autre âge qu'à vingt et un ans, âge qui était celui de Balzac; mais si le rêve de tout enfant est d'avoir des bottes, celui de tout jeune homme est d'avoir une chambre, une chambre bien à lui, dont il ait la clef dans sa poche, ne pût-il se tenir debout qu'au milieu : une chambre, c'est la robe virile, c'est l'indépendance, la personnalité, l'amour !

Voilà donc maître Honoré juché près du ciel, assis devant sa table, et s'essayant au chef-d'œuvre qui devait donner raison à l'indulgence de son père et démentir les horoscopes défavorables des amis. — Chose singulière, Balzac débuta par une tragédie, par un *Cromwell !* Vers ce temps-là, à peu près, Victor Hugo mettait la dernière main à son *Cromwell*, dont la préface fut le manifeste de la jeune école dramatique.

En relisant avec attention la *Comédie humaine* lorsqu'on a connu familièrement Balzac, on y retrouve épars une foule de détails curieux sur son caractère et sur sa vie, surtout dans ses premiers ouvrages, où il n'est pas encore tout à fait dégagé de sa personnalité, et, à défaut de *sujets*, s'observe et se dissèque lui-même. Nous avons dit qu'il commença le rude noviciat de la vie littéraire dans une mansarde de la rue Lesdiguières, près de l'Arsenal. — La nouvelle de *Facino Cane*, datée de Paris, mars 1836, et dédiée à Louise, contient quelques indications précieuses sur l'existence que menait dans ce nid aérien le jeune aspirant à la gloire.

« Je demeurais alors dans une rue que vous ne connaissez sans doute pas, la rue de Lesdiguières : elle commence rue Saint-Antoine, en face d'une fontaine, près de la place de la Bastille, et débouche dans la rue de la Cerisaie.

L'amour de la science m'avait jeté dans une mansarde où je travaillais pendant la nuit, et je passais le jour dans une bibliothèque voisine, celle de Monsieur ; je vivais frugalement, j'avais accepté toutes les conditions de la vie monastique, si nécessaire aux travailleurs. Quand il faisait beau, à peine me promenais-je sur le boulevard Bourbon. — Une seule passion m'entraînait en dehors de mes habitudes studieuses ; mais n'était-ce pas encore de l'étude? J'allais observer les mœurs du faubourg, ses habitants et leurs caractères. Aussi mal vêtu que les ouvriers, indifférent au décorum, je ne les mettais point en garde contre moi : je pouvais me mêler à leurs groupes, les voir concluant leurs marchés, et se disputant à l'heure où ils quittent le travail. Chez moi l'observation était déjà devenue intuitive, elle pénétrait l'âme sans négliger le corps ; ou plutôt elle saisissait si bien les détails extérieurs qu'elle allait sur-le-champ au-delà ; elle me donnait la faculté de vivre de la vie de l'individu sur laquelle elle s'exerçait en me permettant de me substituer à lui, comme le derviche des *Mille et une Nuits* prenait le corps et l'âme des personnes sur lesquelles il prononçait certaines paroles.

» Lorsque, entre onze heures et minuit, je rencontrais un ouvrier et sa femme revenant de l'Ambigu-Comique, je m'amusais à les suivre depuis le boulevard du Pont-aux-Choux jusqu'au boulevard Beaumarchais. Ces braves gens parlaient d'abord de la pièce qu'ils avaient vue ; de fil en aiguille ils arrivaient à leurs affaires ; la mère tirait son enfant par la main sans écouter ni ses plaintes ni ses demandes. Les deux époux comptaient l'argent qui leur serait payé le lendemain. Ils le dépensaient de vingt manières différentes. C'étaient alors des détails de ménage, des doléances sur le prix excessif des pommes de terre ou sur la longueur de l'hiver et le renchérissement des mottes, des représentations énergiques sur ce qui était dû au boulanger, enfin des discussions qui s'envenimaient et où chacun déployait son caractère en mots pittoresques. En entendant ces gens, je pouvais épouser leur vie, je me sentais leurs guenilles sur le dos, je marchais les pieds dans leurs souliers percés; leurs désirs, leurs besoins, tout passait dans mon âme et mon âme passait dans la leur; c'était le rêve d'un homme éveillé. Je m'échauffais avec eux contre les chefs d'atelier qui les tyrannisaient ou contre les mauvaises pratiques qui les faisaient revenir plusieurs fois sans les payer. Quitter ses habitudes, devenir un autre que soi par l'ivresse des facultés morales et jouer ce jeu à volonté, telle était ma distraction. A quoi dois-je ce don? Est-ce une seconde vue? Est-ce une de ces qualités dont l'abus mènerait à la folie? Je n'ai jamais recherché les causes de cette puissance; je la possède et je m'en sers, voilà tout. »

Nous avons transcrit ces lignes, doublement intéressantes, parce qu'elles éclairent un côté peu connu de la vie de Balzac, et qu'elles montrent chez lui la conscience de cette puissante faculté d'intuition qu'il possédait déjà à un si haut degré et sans laquelle la réalisation de son œuvre eût été impossible. Balzac, comme Vichnou, le dieu indien, possédait le don d'*avatar*, c'est-à-dire celui de s'incarner dans des corps différents et d'y vivre le temps qu'il voulait; seulement, le nombre des *avatars* de Vichnou est fixé à dix : ceux de Balzac ne se comptent pas, et de plus il pouvait les provoquer à volonté. — Quoique cela semble singulier à dire en plein XIXe siècle, Balzac fut un *voyant*. Son mérite d'observateur, sa perspicacité de physiologiste, son génie d'écrivain ne suffisent pas pour expliquer l'infinie variété des deux ou trois mille types qui jouent un rôle plus ou moins important dans la *Comédie humaine*. Il ne les copiait pas, il les vivait idéalement, revêtait leurs habits, contractait leurs habitudes, s'entourait de leur milieu, était eux-mêmes tout le temps nécessaire. De là viennent ces personnages soutenus, logiques, ne se démentant et ne s'oubliant jamais, doués d'une existence intime et profonde, qui, pour nous servir d'une de ses expressions, font concurrence à l'état civil. Un véritable sang rouge circule dans leurs veines au lieu de l'encre qu'infusent à leurs créations les auteurs ordinaires.

Cette faculté, Balzac ne la possédait d'ailleurs que pour le présent. Il pouvait transporter sa pensée dans un marquis, dans un financier, dans un bourgeois, dans un homme du peuple, dans une femme du monde, dans une courtisane, mais les ombres du passé n'obéissaient pas à son appel : il ne sut jamais, comme Gœthe, évoquer du fond de l'antiquité la belle Hélène et lui faire habiter le manoir gothique de Faust. Sauf deux ou trois exceptions, toute son œuvre est moderne ; il s'était assimilé les vivants, il ne ressuscitait pas les morts. — L'histoire même le séduisait peu, comme on peut le voir par ce passage de l'avant-propos qui précède la *Comédie humaine :* « En lisant les sèches et rebutantes nomenclatures de faits appelées *histoires,* qui ne s'est aperçu que les écrivains ont oublié dans tous les temps, en Egypte, en Perse, en Grèce, à Rome, de nous donner l'histoire des mœurs ? Le morceau de Pétrone sur la vie privée des Romains irrite plutôt qu'il ne satisfait notre curiosité. »

Cette lacune laissée par les historiens des sociétés disparues, Balzac se proposa de la combler pour la nôtre, et Dieu sait s'il remplit fidèlement le programme qu'il s'était tracé.

« La société allait être l'historien, je ne devais être que le secrétaire ; en dressant l'inventaire des vices et des vertus, en rassemblant les principaux faits des passions, en peignant les caractères, en choisissant les événements principaux de la société, en composant des types par la réunion des traits de plusieurs caractères homogènes, peut-être pouvais-je arriver à écrire l'histoire oubliée par tant d'historiens, celle des mœurs. Avec beaucoup de patience et de courage, je réaliserais, sur la France au XIXe siècle, ce livre que nous regrettons tous, que Rome, Athènes, Tyr, Memphis, la Perse, l'Inde, ne nous ont malheureusement pas laissé sur leur civilisation, et qu'à l'instar de l'abbé Barthélemy, le courageux et patient Monteil avait essayé sur le moyen-âge, mais sous une forme peu attrayante. »

Mais retournons à la mansarde de la rue

Lesdiguières. Balzac n'avait pas conçu le plan de l'œuvre qui devait l'immortaliser ; il se cherchait encore avec inquiétude, anhélation et labeur, essayant tout et ne réussissant à rien ; pourtant il possédait déjà cette opiniâtreté de travail à laquelle Minerve, quelque revêche qu'elle soit, doit un jour ou l'autre céder ; il ébauchait des opéras comiques, faisait des plans de comédies, de drames et de romans dont madame de Surville nous a conservé les titres : *Stella, Coqsigrue*, les *Deux Philosophes*, sans compter le terrible *Cromwell*, dont les vers, qui lui coûtaient tant de peine, ne valaient pas beaucoup mieux que celui par lequel commençait son poëme épique des *Incas*.

Figurez-vous le jeune Honoré les jambes entortillées d'un carrick rapiécé, le haut du corps protégé par un vieux châle maternel, coiffé d'une sorte de calotte dantesque dont madame de Balzac connaissait seule la coupe, sa cafetière à gauche, son encrier à droite, labourant à plein poitrail et le front penché, comme un bœuf à la charrue, le champ pierreux et non défriché pour lui de la pensée, où il traça plus tard des sillons si fertiles. La lampe brille comme une étoile au front de la maison noire, la neige descend en silence sur les tuiles disjointes, le vent souffle à travers la porte et la fenêtre « comme Tulou dans sa flûte, mais moins agréablement. »

Si quelque passant attardé eût levé les yeux vers cette petite lueur obstinément tremblotante, il ne se serait certes pas douté que c'était l'aurore d'une des plus grandes gloires de notre siècle.

Veut-on voir un croquis de l'endroit, transposé, il est vrai, mais très-exact, dessiné par l'auteur dans la *Peau de chagrin*, cette œuvre qui contient tant de lui-même?

« ...Une chambre qui avait vue sur les cours des maisons voisines, par les fenêtres desquelles passaient de longues perches chargées de linge; rien n'était plus horrible que cette mansarde aux murs jaunes et sales, qui sentait la misère et appelait son savant. La toiture s'y abaissait régulièrement, et les tuiles disjointes laissaient voir le ciel; il y avait place pour un lit, une table, quelques chaises, et sous l'angle aigu du toit je pouvais loger mon piano... Je vécus dans ce sépulcre aérien pendant près de trois ans, travaillant nuit et jour, sans relâche, avec tant de plaisir que l'étude me semblait être le plus beau thème, la plus heureuse solution de la vie humaine. Le calme et le silence nécessaires au savant ont je ne sais quoi de doux et d'enivrant comme l'amour... L'étude prête une sorte de magie à tout ce qui nous environne. Le bureau chétif sur lequel j'écrivais et la basane brune qui le couvrait, mon piano, mon lit, mon fauteuil, les bizarreries du papier de tenture, mes meubles, toutes ces choses s'animèrent et devinrent pour moi d'humbles amis, les silencieux complices de mon avenir. Combien de fois ne leur ai-je pas communiqué mon âme en les regardant? Souvent, en laissant voyager mes yeux sur une moulure déjetée, je rencontrais des développements nouveaux, une preuve frappante de mon système ou des mots que je croyais heureux pour rendre des pensées presque intraduisibles. »

Dans ce même passage, il fait allusion à ses travaux : « J'avais entrepris deux grandes œuvres; une comédie devait en peu de jours me donner une renommée, une fortune et l'entrée de ce monde où je voulais reparaître en exerçant les droits régaliens de l'homme de génie. Vous avez tous vu dans ce chef-d'œuvre la première erreur d'un jeune homme qui sort du collége, une niaiserie d'enfant! Vos plaisanteries ont détruit de fécondes illusions qui depuis ne se sont pas réveillées... »

On reconnaît là le malencontreux *Cromwell*, qui, lu devant la famille et les amis assemblés, fit un fiasco complet.

Honoré appela de la sentence devant un arbitre qu'il accepta comme compétent, un bon vieillard, ancien professeur à l'Ecole polytechnique. Le jugement fut que l'auteur devait faire « quoi que ce soit, excepté de la littérature. »

Quelle perte pour les lettres, quelle lacune dans l'esprit humain si le jeune homme se fût incliné devant l'expérience du vieillard et eût écouté son conseil, qui, certes, était des plus sages, car il n'y avait pas la moindre étincelle de génie ni même de talent dans cette tragédie de rhétorique ! Heureusement Balzac, sous le pseudonyme de Louis Lambert, n'avait pas fait pour rien au collége de Vendôme la *Théorie de la Volonté.*

Il se soumit à la sentence, mais seulement pour la tragédie ; il comprit qu'il devait renoncer à marcher sur les traces de Corneille et de Racine, qu'il admirait alors sous bénéfice d'inventaire, car jamais génies ne furent plus contraires au sien. Le roman lui offrait un moule plus commode, et il écrivit vers cette époque un grand nombre de volumes qu'il ne signa pas et désavoua toujours. Le Balzac que nous connaissons et que nous admirons était encore dans les limbes et luttait vainement pour s'en dégager. Ceux qui ne le jugeaient capable que d'être expéditionnaire avaient en apparence raison ; peut-être même cette ressource lui aurait-elle manqué, car sa *belle écriture* devait déjà s'être altérée dans les brouillons chiffonnés, raturés, surchargés, presque hiéroglyphiques de l'écrivain luttant avec l'idée et ne se souciant plus de la beauté du caractère.

Ainsi, rien n'était résulté de cette claustration rigoureuse, de cette vie d'ermite dans la Thébaïde dont Raphaël trace le budget : « Trois sous de pain, deux sous de lait, trois sous de charcuterie m'empêchaient de mourir de faim et tenaient mon esprit dans un état de lucidité singulière. Mon logement me coûtait trois sous par jour ; je brûlais pour trois sous d'huile par nuit, je faisais moi-même ma chambre, je portais des chemises de flanelle pour ne dépenser que deux sous de blanchissage par jour. Je me chauffais avec du charbon de terre, dont le prix divisé par les jours de l'année n'a jamais donné plus de deux sous pour chacun. J'avais des habits, du linge, des chaussures pour trois années : je ne voulais m'habiller que pour aller à certains cours publics et aux bibliothèques ; ces dépenses réunies ne faisaient que dix-huit sous : il restait deux sous pour les choses imprévues. Je ne me souviens pas d'avoir, pendant cette longue période de travail, passé le Pont des Arts, ni jamais acheté d'eau. »

Sans doute, Raphaël exagère un peu l'économie, mais la correspondance de Balzac avec sa sœur montre que le roman ne diffère pas beaucoup de la réalité. La vieille femme désignée dans ses lettres sous le titre d'Iris la Messagère, et qui avait soixante-dix ans, ne pouvait être une ménagère bien active; aussi Balzac écrit-il : « Les nouvelles de mon ménage sont désastreuses, les travaux nuisent à la propreté. Ce coquin de *Moi-même* se néglige de plus en plus, il ne descend que tous les trois ou quatre jours pour les achats, va chez les marchands les plus voisins et les plus mal approvisionnés du quartier : les autres sont trop loin, et le garçon économise au moins ses pas; de sorte que ton frère (destiné à tant de célébrité) est déjà nourri absolument comme un grand homme, c'est-à-dire qu'il meurt de faim.

» Autre sinistre : le café fait d'affreux gribouillis par terre. Il faut beaucoup d'eau pour réparer le dégât ; or, l'eau ne montant pas à ma *céleste* mansarde (elle y descend seulement les jours d'orage), il faudra aviser, après l'achat du piano, à l'établissement d'une machine hydraulique, si le café continue à s'enfuir pendant que le maître et le serviteur bayent aux corneilles. »

Ailleurs, continuant la plaisanterie, il gourmande le paresseux *Moi-même,* seul laquais qu'il eût à son service, qui ne remplit pas la fontaine, laisse librement les *moutons* se promener sous le lit, la poussière aveuglante se tamiser sur les vitres, et les araignées pendre leurs hamacs dans les angles.

Dans une autre lettre, il écrit : « J'ai mangé

deux melons... il faudra les payer à force de noix et de pain sec ! »

Une des rares récréations qu'il se permettait, c'était d'aller au Jardin des Plantes ou au Père-Lachaise. Du haut de la colline funèbre, il dominait Paris comme Rastignac à l'enterrement du père Goriot. Son regard planait sur cet océan d'ardoises et de tuiles qui recouvrent tant de luxe, de misère, d'intrigues et de passions. Comme un jeune aigle, il couvait sa proie du regard ; mais il n'avait encore ni les ailes, ni le bec, ni les serres, quoique son œil déjà pût se fixer sur le soleil. — Il disait, en contemplant les tombes : « Il n'y a de belles épitaphes que celles-ci : La Fontaine, Masséna, Molière : un seul nom qui dit tout et qui fait rêver ! »

Cette phrase contient comme une vague aperception prophétique que l'avenir réalisa, hélas ! trop tôt. Au penchant de la colline, sur une pierre sépulcrale, au-dessous d'un buste en bronze coulé d'après le marbre de David, ce mot BALZAC dit tout et fait rêver le promeneur solitaire.

Le régime diététique préconisé par Raphaël pouvait être favorable à la lucidité du cerveau; mais certes, il ne valait rien pour un jeune homme habitué au confort de la vie de famille. Quinze mois passés sous ces plombs intellectuels, plus tristes, à coup sûr, que ceux de Venise, avaient fait du frais Tourangeau aux joues satinées et brillantes un squelette parisien, hâve et jaune, presque méconnaissable. Balzac rentra dans la maison paternelle, où le veau gras fut tué pour le retour de cet enfant peu prodigue.

Nous glisserons légèrement sur le temps de sa vie où il essaya de s'assurer l'indépendance par des spéculations de librairie auxquelles ne manquèrent que des capitaux pour être heureuses. Ces tentatives l'endettèrent, engagèrent son avenir, et malgré les secours dévoués, mais trop tardifs peut-être de la famille, lui imposèrent ce rocher de Sisyphe qu'il remonta tant de fois jusqu'au bord du plateau, et qui retombait toujours plus écrasant sur ses épaules d'Atlas, chargées en outre de tout un monde.

Cette dette qu'il se faisait un devoir sacré d'acquitter, car elle représentait la fortune d'êtres chers, fut la Nécessité au fouet armé de pointes, à la main pleine de clous de bronze qui le harcela nuit et jour, sans trève ni pitié, lui faisant regarder comme un vol une heure de repos ou de distraction. Elle domina douloureusement toute sa vie, et la rendit souvent inexplicable pour qui n'en possédait pas le secret.

Ces indispensables détails biographiques indiqués, arrivons à nos impressions directes et personnelles sur Balzac.

Balzac, cet immense cerveau, ce physiologiste si pénétrant, cet observateur si profond, cet esprit si intuitif, ne possédait pas le don littéraire : chez lui s'ouvrait un abîme entre la pensée et la forme. Cet abîme, surtout dans les premiers temps, il désespéra de le franchir. Il y jetait sans le combler volume sur volume, veille sur veille, essai sur essai ; toute une bibliothèque de livres inavoués y passa. Une volonté moins robuste se fût découragée mille fois ; mais par bonheur Balzac avait une confiance inébranlable dans son génie, méconnu de tout le monde. Il voulait être un grand homme, et il le fut par d'incessantes projections de ce fluide plus puissant que l'électricité, et dont il fait de si subtiles analyses dans *Louis Lambert*.

Contrairement aux écrivains de l'école romantique, qui tous se distinguèrent par une hardiesse et une facilité d'exécution étonnantes, et produisirent leurs fruits presque en même temps que leurs fleurs, dans une éclosion pour ainsi dire involontaire, Balzac, l'égal de tous comme génie, ne trouvait pas son moyen d'expression, ou ne le trouvait qu'après des peines infinies. Hugo disait dans une de ses préfaces, avec sa fierté castillane : « Je ne sais pas l'art de souder une beauté à la place d'un défaut, et je me corrige dans un autre ouvrage. » Mais Balzac zébrait de ratures une dixième épreuve, et lorsqu'il nous voyait renvoyer à la *Chronique de Paris* l'épreuve de l'article fait d'un jet, sur le coin d'une table, avec les seules corrections typographiques, il ne pouvait croire, quelque content qu'il en fût d'ailleurs, que nous y eussions mis tout notre talent. « En le remaniant encore deux ou trois fois, il eût été mieux, » nous disait-il.

Se donnant pour exemple, il nous prêchait

une étrange hygiène littéraire. Il fallait nous cloîtrer deux ou trois ans, boire de l'eau, manger des lupins détrempés comme Protogène, nous coucher à six heures du soir, nous lever à minuit, et travailler jusqu'au matin, employer la journée à revoir, étendre, émonder, perfectionner, polir le travail nocturne, corriger les épreuves, prendre les notes, faire les études nécessaires, et vivre surtout dans la chasteté la plus absolue. Il insistait beaucoup sur cette dernière recommandation, bien rigoureuse pour un jeune homme de vingt-quatre ou vingt-cinq ans. Selon lui la chasteté réelle développait au plus haut degré les puissances de l'esprit, et donnait à ceux qui la pratiquaient des facultés inconnues. Nous objections timidement que les plus grands génies ne s'étaient interdit ni l'amour, ni la passion, ni même le plaisir, et nous citions des noms illustres. Balzac hochait la tête et répondait:

« Ils auraient fait bien autre chose, sans les femmes ! »

Toute la concession qu'il put nous accorder, et encore la regrettait-il, fut de voir la personne aimée une demi-heure chaque année. Il permettait les lettres : « cela formait le style. »

Moyennant ce régime, il promettait de faire de nous, avec les dispositions naturelles qu'il se plaisait à nous reconnaître, un écrivain de premier ordre. On voit bien à nos œuvres que nous n'avons pas suivi ce plan d'études si sage.

Il ne faut pas croire que Balzac plaisantât en nous traçant cette règle que des trappistes ou des chartreux eussent trouvée dure. Il était parfaitement convaincu, et parlait avec une éloquence telle qu'à plusieurs reprises nous essayâmes consciencieusement de cette méthode d'avoir du génie ; nous nous levâmes plusieurs fois à minuit, et après avoir pris le café inspirateur, fait selon la formule, nous nous assîmes devant notre table sur laquelle le sommeil ne tardait pas à pencher notre tête. La *Morte amoureuse*, insérée dans la *Chronique de Paris*, fut notre seule œuvre nocturne.

Vers cette époque, Balzac avait fait pour une revue *Facino Cane*, l'histoire d'un noble vénitien qui, prisonnier dans les Puits du palais ducal, était tombé, en faisant un souterrain pour s'évader, dans le trésor secret de la République, dont il avait emporté une bonne part avec l'aide d'un geôlier gagné. Facino Cane, devenu aveugle et joueur de clarinette sous le nom vulgaire du père Canet, avait conservé, malgré sa cécité, la double vue de l'or; il le devinait à travers les murs et les voûtes, et il offrait à l'auteur, dans une noce du faubourg Saint-Antoine, de le guider, s'il voulait lui payer les frais du voyage, vers cet immense amas de richesses dont la chute de la République vénitienne avait fait perdre le gisement. Balzac, comme nous l'avons dit, vivait ses personnages, et en ce moment il était Facino Cane lui-même, moins la cécité toutefois, car jamais yeux plus étincelants ne scintillèrent dans une face humaine. Il ne rêvait donc que tonnes d'or, monceaux de diamants et d'escarboucles, et, au moyen du magnétisme, avec les pratiques duquel il était depuis longtemps familiarisé, il faisait rechercher à des somnambules la place des trésors enfouis et perdus. Il prétendait avoir appris ainsi, de la manière la plus précise, l'endroit où, près du morne de la Pointe-à-Pître, Toussaint Louverture avait fait enterrer son butin par des nègres aussitôt fusillés. — Le *Scarabée d'or*, d'Edgar Poe, n'égale pas, en finesse d'induction, en netteté de plan, en divination de détails, le récit enfiévrant qu'il nous fit de l'expédition à tenter pour se rendre maître de ce trésor, bien autrement riche que celui enfoui par Tom Kidd au pied du tulipier à la tête de mort.

Nous prions le lecteur de ne pas trop se moquer de nous, si nous lui avouons en toute humilité que nous partageâmes bientôt la conviction de Balzac. — Quelle cervelle eût pu résister à sa vertigineuse parole? Jules Sandeau fut aussi bientôt séduit, et comme il fallait deux amis sûrs, deux compagnons dévoués et robustes pour faire les fouilles nocturnes sur l'indication du voyant, Balzac voulut bien nous admettre pour un quart chacun à cette prodigieuse fortune. Une moitié lui revenait de droit, comme ayant découvert la chose et dirigé l'entreprise.

Nous devions acheter des pics, des pioches et des pelles, les embarquer secrètement à bord du vaisseau, nous rendre au point marqué par des chemins différents pour ne pas exciter de soupçons, et, le coup fait, transborder nos richesses sur un brick frété d'avance; bref, c'était tout un roman, qui eût été admirable si Balzac l'eût écrit au lieu de le parler.

Il n'est pas besoin de dire que nous ne déterrâmes pas le trésor de Toussaint Louverture. L'argent nous manquait pour payer notre passage; à peine avions-nous à nous trois de quoi acheter les pioches.

Ce rêve d'une fortune subite due à quelque moyen étrange et merveilleux hantait souvent le cerveau de Balzac; quelques années auparavant (en 1833), il avait fait un voyage en Sardaigne pour examiner les scories des mines d'argent abandonnées par les Romains, et qui, traitées par des procédés imparfaits, devaient selon lui contenir encore beaucoup de métal. L'idée était juste, et, imprudemment confiée, fit la fortune d'un autre.

Nous avons raconté l'anecdote du trésor enfoui par Toussaint Louverture, non pour le plaisir de narrer une histoire bizarre, mais parce qu'elle se rattache à une idée dominante de Balzac, — l'argent. — Certes, personne ne fut moins avare que l'auteur de la *Comédie humaine*, mais son génie lui faisait pressentir le rôle immense que devait jouer dans l'art ce héros métallique, plus intéressant pour la société moderne que les Grandisson, les Desgrieux, les Oswald, les Werther, les Malek-Adhel, les René, les Lara, les Waverley, les Quentin Durward, etc.

Jusqu'alors le roman s'était borné à la peinture d'une passion unique, l'amour, mais l'amour dans une sphère idéale en dehors des nécessités et des misères de la vie. Les personnages de ces récits tout psychologiques ne mangeaient, ni ne buvaient, ni ne logeaient, ni n'avaient de compte chez leur tailleur. Ils se mouvaient dans un milieu abstrait comme celui de la tragédie. Voulaient-ils voyager, ils mettaient, sans prendre de passe-port, quelques poignées de diamants au fond de leur poche, et payaient de cette monnaie les postillons, qui ne manquaient pas à chaque relais de crever leurs chevaux ; des châteaux d'architecture vague les recevaient au bout de leurs courses, et avec leur sang ils écrivaient à leurs belles d'interminables épîtres datées de la tour du Nord. Les héroïnes, non moins immatérielles, ressemblaient à des *aqua-tinta* d'Angelica Kauffmann : grand chapeau de paille, cheveux demi-défrisés à l'anglaise, longue robe de mousseline blanche, serrée à la taille par une écharpe d'azur.

Avec son profond instinct de la réalité, Balzac comprit que la vie moderne qu'il voulait peindre était dominée par un grand fait, — l'argent, — et, dans la *Peau de chagrin*, il eut le courage de représenter un amant inquiet non-seulement de savoir s'il a touché le cœur de celle qu'il aime, mais encore s'il aura assez de monnaie pour payer le fiacre dans lequel il la reconduit. — Cette audace est peut-être une des plus grandes qu'on se soit permise en littérature, et seule elle suffirait pour immortaliser Balzac. La stupéfaction fut profonde, et les purs s'indignèrent de cette infraction aux lois du genre; mais tous les jeunes gens qui, allant en soirée chez quelque belle dame avec des gants blancs repassés à la gomme élastique, avaient traversé Paris en danseurs, sur la pointe de leurs escarpins, redoutant une mouche de boue plus qu'un coup de pistolet, compatirent, pour les avoir éprouvées, aux angoisses de Valentin, et s'intéressèrent vivement à ce chapeau qu'il ne peut renouveler et conserve avec des soins si minutieux. Aux moments de misère suprême, la trouvaille d'une des pièces de cent sous glissées entre les papiers du tiroir, par la pudique commisération de Pauline, produisait l'effet des coups de théâtre les plus romanesques ou de l'intervention d'une péri dans les contes arabes. Qui n'a pas découvert aux jours de détresse, oublié dans un pantalon ou dans un gilet, quelque glorieux écu apparaissant à propos et vous sauvant du malheur que la jeunesse redoute le plus : rester en affront devant une femme aimée pour une voiture, un bouquet, un petit banc, un programme de spectacle, une gratification à l'ouvreuse ou quelque vétille de ce genre?

Balzac excelle d'ailleurs dans la peinture de la jeunesse pauvre, comme elle l'est presque toujours, s'essayant aux premières luttes de la vie, en proie aux tentations des plaisirs et du luxe, et supportant de profondes misères à l'aide de hautes espérances. Valentin, Rastignac, Bianchon, d'Arthez, Lucien de Rubempré, Lousteau, ont tous tiré à belles dents les durs beefsteaks de la vache enragée, nourriture fortifiante pour les estomacs robustes, indigeste pour les estomacs débiles; il ne les loge pas, tous ces beaux jeunes gens sans le sou, dans des mansardes de convention tendues de perse, à fenêtre festonnée de pois de senteur et donnant sur des jardins; il ne leur fait pas manger « des mets simples, apprêtés par les mains de la nature, » et ne les habille pas de vêtements sans luxe, mais propres et commodes; il les met en pension bourgeoise chez la maman Vauquer, ou les accroupit sous l'angle aigu d'un toit, il les accoude aux tables grasses des gargotes infimes, les affuble d'habits noirs aux coutures grises, et ne craint pas de les envoyer au mont-de-piété, s'ils ont encore, chose rare, la montre de leur père.

O Corinne, toi qui laisses, au cap Misène,

pendre ton bras de neige sur ta lyre d'ivoire, tandis que le fils d'Albion, drapé d'un superbe manteau neuf et chaussé de bottes à cœur parfaitement cirées, te contemple et t'écoute dans une pose élégante, Corinne, qu'aurais-tu dit de semblables héros? Ils ont pourtant une petite qualité qui manquait à Oswald, — ils vivent, et d'une vie si forte qu'il semble qu'on les ait rencontrés mille fois; — aussi Pauline, Delphine de Nucingen, la princesse de Cadignan, Mme de Bargeton, Coralie, Esther, en sont-elles follement éprises.

A l'époque où parurent les premiers romans signés de Balzac, on n'avait pas, au même degré qu'aujourd'hui, la préoccupation, ou, pour mieux dire, la fièvre de l'or. La Californie n'était pas découverte; il existait à peine quelques lieues de voies ferrées dont on ne soupçonnait guère l'avenir, et qu'on regardait comme des espèces de glissoires devant succéder aux montagnes russes, tombées en désuétude; le public ignorait, pour ainsi dire, ce qu'on nomme aujourd'hui « les affaires, » et les banquiers seuls jouaient à la Bourse. Ce remuement de capitaux, ce ruissellement d'or, ces calculs, ces chiffres, cette importance donnée à l'argent dans des œuvres qu'on prenait encore pour de simples fictions romanesques et non pour de sérieuses peintures de la vie, étonnaient singulièrement les abonnés des cabinets de lecture, et la critique faisait le total des sommes dépensées ou mises en jeu par l'auteur. Les millions du père Grandet donnaient lieu à des discussions arithmétiques, et les gens graves, émus de l'énormité des totaux, mettaient en doute la capacité financière de Balzac, capacité très-grande cependant, et reconnue plus tard. — Stendhal disait avec une sorte de fatuité dédaigneuse du style : « Avant d'écrire, je lis toujours trois ou quatre pages du code civil pour me donner le ton. » Balzac, qui avait si bien compris l'argent, découvrit aussi des poëmes et des drames dans le code : le *Contrat de Mariage,* où il met aux prises, sous les figures de Matthias et de Solonnet, l'ancien et le nouveau notariat, a tout l'intérêt de la comédie de cape et d'épée la plus incidentée. La banqueroute dans *Grandeur et Décadence de César Birotteau* vous fait palpiter comme l'histoire d'une chute d'empire; la lutte du château et de la chaumière dans les *Paysans* offre autant de péripéties que le siége de Troie. Balzac sait donner la vie à une terre, à une maison, à un héritage, à un capital, et en fait des héros et des héroïnes dont les aventures se dévorent avec une anxieuse avidité.

Ces éléments nouveaux introduits dans le roman ne plurent pas tout d'abord, — les analyses philosophiques, les peintures détaillées de caractères, les descriptions d'une minutie qui semble avoir en vue l'avenir, étaient regardées comme des longueurs fâcheuses, et le plus souvent on les passait pour courir à la fable. Plus tard, on reconnut que le but de l'auteur n'était pas de tisser des intrigues plus ou moins bien ourdies, mais de peindre la société dans son ensemble, du sommet à la base, avec son personnel et son mobilier, et l'on admira l'immense variété de ses types. N'est-ce pas Alexandre Dumas qui disait de Shakspeare : « Shakspeare, l'homme qui a le plus créé après Dieu ; » le mot serait encore plus juste appliqué à Balzac; jamais, en effet, tant de créatures vivantes ne sortirent d'un cerveau humain.

Dès cette époque (1836), Balzac avait conçu le plan de sa *Comédie humaine* et possédait la pleine conscience de son génie. Il rattacha adroitement les œuvres déjà parues à son idée générale et leur trouva place dans des catégories philosophiquement tracées. Quelques nouvelles de pure fantaisie ne s'y raccrochent pas trop bien, malgré les agrafes ajoutées après coup; mais ce sont là des détails qui se perdent dans l'immensité de l'ensemble, comme des ornements d'un autre style dans un édifice grandiose.

Nous avons dit que Balzac travaillait péniblement, et, fondeur obstiné, rejetait dix ou douze fois au creuset le métal qui n'avait pas rempli exactement le moule ; comme Bernard Palissy, il eût brûlé les meubles, le plancher et jusqu'aux poutres de sa maison pour entretenir le feu de son fourneau et ne pas manquer l'expérience; les nécessités les plus dures ne lui firent jamais livrer une œuvre sur laquelle il n'eût pas mis le dernier effort, et il donna d'admirables exemples de conscience littéraire. Ses corrections, si nombreuses qu'elles équivalaient presque à des éditions différentes de la même idée, furent portées à son compte par les éditeurs dont elles absorbaient les bénéfices, et son salaire, souvent modique pour la valeur de l'œuvre et la peine qu'elle avait coûté, en était diminué d'autant. Les sommes promises n'arrivaient pas toujours aux échéances, et pour soutenir ce qu'il appelait en riant sa dette flottante, Balzac déploya des ressources d'esprit prodigieuses et une activité qui eût absorbé complétement la vie d'un homme ordinaire. Mais, lorsque assis devant sa table, dans son froc de moine, au milieu du silence nocturne, il se trouvait en face des feuilles blanches sur lesquelles se projetait la lueur de son flambeau à sept bougies, concentrée par un abat-jour vert, en prenant la plume il oubliait tout, et alors commençait une lutte plus terrible que la lutte de Jacob avec l'ange, celle de la forme et de l'idée. Dans ces batailles de chaque nuit, dont au matin il sortait brisé mais vainqueur, lorsque le foyer éteint refroidissait l'atmosphère de sa chambre, sa tête fumait et de son corps s'exhalait un brouillard visible comme du corps des chevaux en temps d'hiver. Quelquefois une phrase seule occupait toute une veille; elle était prise, reprise, tordue, pétrie, martelée, allongée, raccourcie, écrite de cent façons différentes, et, chose bizarre! la forme nécessaire, absolue, ne se présentait qu'après l'épuisement des formes approximatives; sans doute le métal coulait souvent d'un jet plus plein et plus dru, mais il est bien peu de pages dans Balzac qui soient restées identiques au premier brouillon. Sa manière de procéder était celle-ci : quand il avait longtemps porté et vécu un sujet, d'une écriture rapide, heurtée, pochée, presque hiéroglyphique, il traçait une espèce de scenario en quelques pages, qu'il envoyait à l'imprimerie d'où elles revenaient en placards, c'est-à-dire en colonnes isolées au milieu de larges feuilles. Il lisait attentivement ces placards, qui donnaient déjà à son embryon d'œuvre ce caractère impersonnel que n'a pas le manuscrit, et il appliquait à cette ébauche la haute faculté critique qu'il possédait, comme s'il se fût agi d'un autre. Il opérait sur quelque chose; s'approuvant ou se désapprouvant, il maintenait ou corrigeait, mais surtout ajoutait. Des lignes partant du commencement, du milieu ou de la fin des phrases, se dirigeaient vers les marges, à droite, à gauche, en haut, en bas, conduisant à des développements, à des intercalations, à des incises, à des épithètes, à des adverbes. Au bout de quelques heures de travail, on eût dit le bouquet d'un feu d'artifice dessiné par un enfant. Du texte primitif partaient des fusées de style qui éclataient de toutes parts. Puis c'étaient des croix simples, des croix recroisetées comme celles du blason, des étoiles, des soleils, des chiffres arabes ou romains, des lettres grecques ou françaises, tous les signes imaginables de renvois qui venaient se mêler aux rayures. Des bandes de papier, collées avec des pains à cacheter, piquées avec des épingles, s'ajoutaient aux marges insuffisantes, zébrées de lignes en fins caractères pour ménager la place, et pleines elles-mêmes de ratures, car la correction à peine faite était déjà corrigée. Le placard imprimé disparaissait presque au milieu de ce grimoire d'apparence cabalistique, que les typographes se passaient de main en main, ne voulant pas faire chacun plus d'une heure de Balzac.

Le jour suivant, on rapportait les placards avec les corrections faites, et déjà augmentées de moitié.

Balzac se remettait à l'œuvre, ampliant toujours, ajoutant un trait, un détail, une peinture, une observation de mœurs, un mot caractéristique, une phrase à effet, faisant serrer l'idée de plus près par la forme, se rapprochant toujours davantage de son tracé intérieur, choisissant comme un peintre parmi trois ou quatre contours la ligne définitive. Souvent ce terrible travail terminé avec cette intensité d'attention dont lui seul était capable, il s'apercevait que la pensée avait gauchi à l'exécution, qu'un épisode prédominait, qu'une figure qu'il voulait secondaire pour l'effet général saillait hors de son plan, et d'un trait de plume il abattait courageusement le résultat de quatre ou cinq nuits de labeur. Il était héroïque dans ces circonstances.

Six, sept, et parfois dix épreuves revenaient raturées, remaniées, sans satisfaire le désir de perfection de l'auteur. Nous avons vu aux Jardies, sur les rayons d'une bibliothèque composée de ses œuvres seules, chaque épreuve différente du même ouvrage reliée en un volume séparé depuis le premier jet jusqu'au livre définitif; la comparaison de la pensée de Balzac à ses divers états offrirait une étude bien curieuse et contiendrait de profitables leçons littéraires. Près de ces volumes un bouquin à physionomie sinistre, relié en maroquin noir, sans fers ni dorure, attira nos regards : « Prenez-le, nous dit Balzac, c'est une œuvre inédite et qui a bien son prix. » Le titre portait : *Comptes mélancoliques ;* il contenait la liste des dettes, les échéances des billets à payer, les mémoires des fournisseurs et toute la paperasserie menaçante que légalise le timbre. Ce volume, par une espèce de contraste railleur, était placé à côté des *Contes drôlatiques*, « auxquels il ne faisait pas suite, » ajoutait en riant l'auteur de la *Comédie humaine*.

Malgré cette façon laborieuse d'exécuter, Balzac produisait beaucoup, grâce à sa volonté surhumaine servie par un tempérament d'athlète et une réclusion de moine. Pendant deux ou trois mois de suite, lorsqu'il avait quelque œuvre importante en train, il travaillait seize ou dix-huit heures sur vingt-quatre ; il n'accordait à l'animalité que six heures d'un sommeil lourd, fiévreux, convulsif, amené par la torpeur de la digestion après un repas pris à la hâte. Il disparaissait alors complétement, ses meilleurs amis perdaient sa trace ; mais il sortait bientôt de dessous terre, agitant un chef-d'œuvre au-dessus de sa tête, riant de son large rire, s'applaudissant avec une naïveté parfaite et s'accordant des éloges que, du reste, il ne demandait à personne. Nul auteur ne fut plus insoucieux que lui des articles et des réclames à l'endroit de ses livres ; il laissait sa réputation se faire toute seule, sans y mettre la main, et jamais il ne courtisa les journalistes. — Cela d'ailleurs lui eût pris du temps : il livrait sa copie, touchait l'argent et s'enfuyait pour le distribuer à des créanciers qui souvent l'attendaient dans la cour du journal, comme, par exemple, les maçons des Jardies.

Quelquefois, le matin, il nous arrivait haletant, épuisé, étourdi par l'air frais, comme Vulcain s'échappant de sa forge, et il tombait sur un divan ; sa longue veille l'avait affamé et il pilait des sardines avec du beurre en faisant une sorte de pommade qui lui rappelait les rillettes de Tours, et qu'il étendait sur du pain. C'était son mets favori ; il n'avait pas plutôt mangé qu'il s'endormait, en nous priant de le réveiller au bout d'une heure. Sans tenir compte de la consigne, nous respections ce sommeil si bien gagné, et nous faisions taire toutes les rumeurs du logis. Quand Balzac s'éveillait de lui-même, et qu'il voyait le crépuscule du soir répandre ses teintes grises dans le ciel, il bondissait et nous accablait d'injures, nous appelant traître, voleur, assassin : nous lui faisions perdre dix mille francs, car étant éveillé il aurait pu avoir l'idée d'un roman qui lui aurait rapporté cette somme (sans les réimpressions). Nous étions cause des catastrophes les plus graves et de désordres inimaginables. Nous lui avions fait manquer des rendez-vous avec des banquiers, des éditeurs, des duchesses; il ne serait pas en mesure pour ses échéances; ce fatal sommeil coûterait des millions. Mais nous étions habitué déjà à ces prodigieuses martingales que Balzac, partant du chiffre le plus chétif, poussait à toute outrance jusqu'aux sommes les plus monstrueuses, et nous nous consolions aisément en voyant ses belles couleurs tourangelles reparues sur ses joues reposées.

Balzac habitait alors à Chaillot, rue des

Batailles, une maison d'où l'on découvrait une vue admirable, le cours de la Seine, le champ de Mars, l'Ecole militaire, le dôme des Invalides, une grande portion de Paris et plus loin les coteaux de Meudon. Il s'était arrangé là un intérieur assez luxueux, car il savait qu'à Paris on ne croit guère au talent pauvre, et que *le paraître* y amène souvent *l'être*. C'est à cette période que se rapportent ses velléités d'élégance et de dandysme, le fameux habit bleu à boutons d'or massif, la massue à pommeau de turquoises, les apparitions aux Bouffes et à l'Opéra, et les visites plus fréquentes dans le monde où sa verve étincelante le faisait rechercher, visites utiles d'ailleurs, car il y rencontra plus d'un modèle. Il n'était pas facile de pénétrer dans cette maison, mieux gardée que le jardin des Hespérides. Deux ou trois mots de passe étaient exigés. Balzac, de peur qu'ils ne s'ébruitassent, les changeait souvent. Nous nous souvenons de ceux-ci : au portier l'on disait : « La saison des prunes est arrivée, » et il vous laissait franchir le seuil ; au domestique accouru sur l'escalier au son de la cloche, il fallait murmurer : « J'apporte des dentelles de Belgique, » et si vous assuriez au valet de chambre que « Mme Bertrand était en bonne santé, » on vous introduisait enfin.

Ces enfantillages amusaient beaucoup Balzac ; ils étaient peut-être nécessaires pour écarter les fâcheux et d'autres visiteurs plus désagréables encore.

Dans la *Fille aux yeux d'or* se trouve une description du salon de la rue des Batailles. Elle est de la plus scrupuleuse fidélité, et l'on ne sera pas fâché peut-être de voir l'antre du lion peint par lui-même ; il n'y a pas un détail d'ajouté ou de retranché.

« La moitié du boudoir décrivait une ligne

circulaire mollement gracieuse, qui s'opposait à l'autre partie parfaitement carrée, au milieu de laquelle brillait une cheminée en marbre blanc et or. On entrait par une porte latérale que cachait une riche portière en tapisserie et qui faisait face à une fenêtre. Le fer-à-cheval était orné d'un véritable divan turc, c'est-à-dire un matelas posé par terre, mais un matelas large comme un lit, un divan de cinquante pieds de tour en cachemire blanc, relevé par des bouffettes en soie noire et ponceau, disposées en losanges; le dossier de cet immense lit s'élevait de plusieurs pouces au-dessus des nombreux coussins qui l'enrichissaient encore par le goût de leurs agréments. Ce boudoir était tendu d'une étoffe rouge sur laquelle était posée une mousseline des Indes cannelée comme l'est une colonne corinthienne, par des tuyaux alternativement creux et ronds, arrêtés en haut et en bas dans une bande d'étoffe couleur ponceau, sur laquelle étaient dessinées des arabesques noires. Sous la mousseline, le ponceau devenait rose, couleur amoureuse que répétaient les rideaux de la fenêtre, qui étaient en mousseline des Indes doublée de taffetas rose et ornée de franges ponceau mélangé de noir. Six bras en vermeil supportant chacun deux bougies étaient attachés sur la tenture à d'égales distances, pour éclairer le divan. Le plafond, au milieu duquel pendait un lustre en vermeil mat, étincelait de blancheur, et la corniche était dorée. Le tapis ressemblait à un châle d'Orient, il en offrait les dessins et rappelait les poésies de la Perse, où des mains d'esclaves l'avaient travaillé. Les meubles étaient couverts en cachemire blanc, rehaussé par des agréments noir et ponceau. La pendule, les candélabres, tout était en marbre blanc et or. La seule table qu'il y eût avait un cachemire pour tapis ; d'élégantes jardinières contenant des roses de toutes les espèces, des fleurs ou blanches ou rouges. »

Nous pouvons ajouter que sur la table était posée une magnifique écritoire en or et en malachite, don, sans doute, de quelque admirateur étranger.

Ce fut avec une satisfaction enfantine que Balzac nous montra ce boudoir pris dans un salon carré, et laissant nécessairement des vides aux encoignures de la moitié arrondie. Quand nous eûmes assez admiré les splendeurs coquettes de cette pièce, dont le luxe paraîtrait moindre aujourd'hui, Balzac ouvrit une porte secrète et nous fit pénétrer dans un couloir obscur qui circulait autour de l'hémicycle ; à l'une des encoignures était placée une étroite couchette de fer, espèce de lit de camp du travail ; dans l'autre, il y avait une table « avec tout ce qu'il faut pour écrire, » comme dit M. Scribe dans ses indications de mise en scène : c'était là que Balzac se réfugiait pour piocher à l'abri de toute surprise et de toute investigation.

Plusieurs épaisseurs de toile et de papier matelassaient la cloison de manière à intercepter tout bruit d'un côté comme de l'autre. Pour être sûr qu'aucune rumeur ne pouvait transpirer du salon au dehors, Balzac nous pria de rentrer dans la pièce et de crier de toutes les forces de nos poumons ; on entendait encore un peu ; il fallait coller quelques feuilles de papier gris pour éteindre tout à fait le son. Tout ce mystère nous intriguait fort et nous en demandâmes le motif. Balzac nous en donna un qu'eût approuvé Stendhal, mais que la pruderie moderne empêche de rapporter. Le fait est qu'il arrangeait déjà dans sa tête la scène de Henry de Marsay et de Paquita, et il s'inquiétait de savoir si d'un salon ainsi disposé les cris de la victime parviendraient aux oreilles des autres habitants de la maison.

Il nous donna dans ce même boudoir un dîner splendide, pour lequel il alluma de sa main toutes les bougies des bras en vermeil, et du lustre et des candélabres. Les convives étaient le marquis de B***, le peintre L. B. : quoique très-sobre et abstème d'habitude, Balzac ne craignait pas de temps à autre « un tronçon de chière lie; » il mangeait avec une joviale gourmandise qui inspirait l'appétit, et il buvait d'une façon pantagruélique. Quatre bouteilles de vin blanc de Vouvray, un des plus capiteux qu'on connaisse, n'altéraient en rien sa forte cervelle et ne faisaient que donner un pétillement plus vif à sa gaieté. Que de bons contes il nous fit au dessert! Rabelais, Beroalde de Verville, Eutrapel, le Pogge, Straparole, la reine de Navarre et tous les docteurs de la gaie science eussent reconnu en lui un disciple et un maître !

Trait caractéristique ! A ce festin splendide fourni par Chevet il n'y avait pas de pain ! Mais quand on a superflu à quoi bon le nécessaire ?

Après le dîner, notre Amphytrion nous emmena aux Italiens dans une superbe remise. La soirée était déjà fort avancée, mais Balzac ne voulait pas manquer disait-il « *la descente de l'escalier* » spectacle, selon lui, éminemment instructif.

Nous devons dire qu'alourdis par la bonne chère et les vins fins, enveloppés de la chaude atmosphère de la salle, nous nous endormîmes tous les trois du sommeil des justes pour ne nous reveiller qu'à la *felicita* finale.

Le public dut s'amuser beaucoup de ce trio somnolent.

Dans ce même appartement de la rue des Batailles, dont nous avons décrit le salon avec le texte même de Balzac, nous nous souvenons d'avoir vu une magnifique esquisse de Louis Boulanger d'après le bas-relief de Léda et du Cygne attribué à Michel-Ange. C'était le seul tableau qu'il contînt, car l'auteur de la *Comédie humaine* n'avait pas encore le goût de la peinture et des curiosités qui lui vint ensuite, et son luxe d'alors, comme on a pu le voir, cherchait plutôt la richesse que l'art. Son peintre était Girodet. Quelques-unes de ses premières nouvelles portent des traces de cette admiration arriérée qui lui valait de notre part des plaisanteries qu'il acceptait de bonne grâce.

Un des rêves de Balzac était l'amitié héroïque et dévouée, deux âmes, deux courages, deux intelligences fondues dans la même volonté. Pierre et Jaffier de la *Venise sauvée*, d'Otway, l'avaient beaucoup frappé, et il en parle à plusieurs reprises. L'*Histoire des Treize* n'est que cette idée agrandie et compliquée : une unité puissante composée d'êtres multiples agissant tous aveuglément pour un but accepté et convenu. On sait quels effets saisissants, mystérieux et terribles il a tirés de ce point de départ dans *Ferragus*, la *Duchesse de Langeais*, la *Fille aux yeux d'or*; mais la vie réelle et la vie intellectuelle ne se séparaient pas nettement chez Balzac comme chez certains auteurs, et ses créations le suivaient hors de son cabinet d'étude. Il voulut former une association dans le goût de celle qui réunissait Ferragus, Montriveau, Ronquerolles, et leurs compagnons. Seulement il ne s'agissait pas de coups si hardis; un certain nombre d'amis devaient se prêter aide et secours en toute occasion, et travailler selon leurs forces au succès ou à la fortune de celui qui serait désigné, à charge de revanche, bien entendu. Fort infatué de son projet, Balzac recruta quelques affiliés qu'il ne mit en rapport les uns avec les autres qu'en prenant des précautions comme s'il se fût agi d'une société politique ou d'une *vente* de Carbonari. Ce mystère, très-inutile du reste, l'amusait considérablement, et il apportait à ses démarches le plus grand sérieux. Lorsque le nombre fut complet, il assembla les adeptes et déclara le but de la Société. Il n'est pas besoin de dire que chacun opina du bonnet, et que les statuts furent votés d'enthousiasme. Personne plus que Balzac ne possédait le don de troubler, de surexciter et d'enivrer les cervelles les plus froides, les raisons les plus rassises. Il avait une éloquence débordée, tumultueuse, entraînante, qui vous emportait quoi qu'on en eût : pas d'objection possible avec lui ; il vous noyait aussitôt dans un tel déluge de paroles qu'il fallait bien se taire. D'ailleurs il avait réponse à tout; puis il vous lançait des regards si fulgurants, si illuminés, si chargés de fluide qu'il vous infusait son désir.

L'association qui comptait parmi ses membres G. de C., L. G., L. D., J. S., Merle, qu'on appelait le beau Merle, nous, et quelques autres qu'il est inutile de désigner, s'appelait le *Cheval rouge*. Pourquoi le Cheval rouge, allez-vous dire, plutôt que le Lion d'or ou la Croix de Malte? La première réunion des affiliés eut lieu chez un restaurateur, sur le quai de l'Entrepôt, au bout du pont de la Tournelle, dont l'enseigne était un quadrupède *rubricâ pictus*, ce qui avait donné à Balzac l'idée de cette désignation suffisamment bizarre, inintelligible et cabalistique.

Lorsqu'il fallait concerter quelque projet, convenir de certaines démarches, Balzac, élu par acclamation grand-maître de l'Ordre, envoyait par un affidé à chaque *cheval* (c'était le nom argotique que prenaient les membres entre eux) une lettre dans laquelle était dessiné un petit cheval rouge avec ces mots : « Ecurie, tel jour, tel endroit ; » le lieu changeait chaque fois, de peur d'éveiller la curiosité ou le soupçon. Dans le monde, quoique nous nous connussions tous et de longue main pour la plupart, nous devions éviter de nous parler ou ne nous aborder que froidement pour écarter toute idée de connivence. Souvent, au milieu d'un salon, Balzac feignait de me rencontrer pour la première fois, et par des clins d'yeux et des grimaces comme en font les acteurs dans leurs aparté, m'avertissait de sa finesse et semblait me dire : « Regardez comme je joue bien mon jeu ! »

Quel était le but du *Cheval rouge ?* Voulait-il changer le gouvernement, poser une religion nouvelle, fonder une école philosophique, dominer les hommes, séduire les femmes ? Beaucoup moins que cela. On devait s'emparer des journaux, envahir les théâtres, s'asseoir dans les fauteuils de l'Académie, se former des brochettes de décorations, et finir modestement pair de France, ministre et millionnaire. — Tout cela était facile, selon Balzac ; il ne s'agissait que de s'entendre, et par des ambitions si médiocres nous prouvions bien la modération de nos caractères Ce diable d'homme avait une telle puissance de vision qu'il nous décrivait à chacun, dans les plus menus détails, la vie splendide et glorieuse que l'association nous procurerait. En l'entendant, nous nous croyions déjà appuyés, au fond d'un bel hôtel, contre le marbre blanc de la cheminée, un cordon rouge au col, une plaque en brillants sur le cœur, recevant d'un air affable les sommités politiques, les artistes et les littérateurs, étonnés de notre fortune mystérieuse et rapide. Pour Balzac, le futur n'existait pas, tout était au présent ; l'avenir évoqué se dégageait de ses brumes et prenait la netteté des choses palpables ; l'idée était si vive qu'elle devenait réelle en quelque sorte : parlait-il d'un dîner, il le mangeait en le racontant; d'une voiture, il en sentait sous lui les moelleux coussins et la traction sans secousse; un parfait bien-être, une jubilation profonde se peignaient alors sur sa figure, quoique souvent il fût à jeun et qu'il trottât sur le pavé pointu avec des souliers éculés.

Toute la bande devait pousser, vanter, prôner, par des articles, des réclames et des conversations, celui des membres qui venait de faire paraître un livre ou jouer un drame. Quiconque s'était montré hostile à l'un des *chevaux* s'attirait les ruades de toute l'écurie; le *Cheval rouge* ne pardonnait pas : le coupable devenait passible d'éreintements, de scies, de coups d'épingle, de rengaînes et autres moyens de désespérer un homme, bien connus des petits journaux.

Nous sourions en trahissant après tant d'années l'innocent secret de cette franc-maçonnerie littéraire, qui n'eut d'autre résultat que quelques réclames pour un livre dont le succès n'en avait pas besoin. Mais, dans le moment, nous prenions la chose au sérieux, nous nous imaginions être les *Treize* eux-mêmes, en personne, et nous étions surpris de ne point passer à travers les murs ; mais le monde est si mal machiné ! Quel air important et mystérieux nous avions en coudoyant les autres hommes, pauvres bourgeois qui ne se doutaient nullement de notre puissance !

Après quatre ou cinq réunions, le *Cheval rouge* cessa d'exister; la plupart des chevaux n'avaient pas de quoi payer leur avoine à la mangeoire symbolique, et l'association qui devait s'emparer de tout fut dissoute, parce que ses membres manquaient souvent des quinze francs prix de l'écot. Chacun se replongea donc seul dans la mêlée de la vie, combattant avec ses propres armes, et c'est ce qui explique pourquoi Balzac ne fut pas de l'Académie et mourut simple chevalier de la Légion d'honneur.

L'idée cependant était bonne, car Balzac, comme il le dit de Nucingen, ne pouvait avoir une mauvaise idée. D'autres, qui sont parvenus, l'ont mise en œuvre sans l'entourer de la même fantasmagorie romanesque.

Désarçonné d'une chimère, Balzac en remontait bien vite une nouvelle, et il repartait pour un autre voyage dans le bleu avec cette naïveté d'enfant qui chez lui s'alliait à la sagacité la plus profonde et à l'esprit le plus retors.

Que de projets bizarres il nous a déroulés, que de paradoxes étranges il nous a soutenus, toujours avec la même bonne foi! — Tantôt il posait qu'on devait vivre en dépensant neuf sous par jour, tantôt il exigeait cent mille francs pour le plus étroit confortable. Une fois, sommé par nous d'établir le compte en chiffres, il répondit à l'objection qu'il restait encore trente mille francs à employer : « Eh bien! c'est pour le beurre et les radis. Quelle est la maison un peu propre où l'on ne mange pas trente mille francs de radis et de beurre? » Nous voudrions pouvoir peindre le regard de souverain mépris qu'il laissa tomber sur nous en donnant cette raison triomphale; ce regard disait : « Décidément le Théo n'est qu'un pleutre, un rat pelé, un esprit mesquin; il n'entend rien à la grande existence et n'a mangé toute sa vie que du beurre de Bretagne salé. »

Les *Jardies* préoccupèrent beaucoup l'attention publique, lorsque Balzac les acheta dans l'intention honorable de constituer un gage à sa mère. En passant en vagon sur le chemin de fer qui longe Ville-d'Avray, chacun regardait avec curiosité cette petite maison, moitié cottage, moitié chalet, qui se dressait au milieu d'un terrain en pente et d'apparence glaiseuse.

Ce terrain, selon Balzac, était le meilleur du monde; autrefois, prétendait-il, un certain crû célèbre y poussait, et les raisins, grâce à une exposition sans pareille, s'y cuisaient comme les grappes de Tokay sur les coteaux de Hongrie. Le soleil, il est vrai, avait toute liberté de mûrir la vendange en ce lieu, où il n'existait qu'un seul arbre. Balzac essaya d'enclore cette propriété de murs, qui devinrent fameux par leur obstination à s'écrouler ou à glisser tout d'une pièce sur l'escarpement trop abrupt, et il rêvait pour cet endroit privilégié du ciel les cultures les plus fabuleuses et les plus exotiques. Ici se place naturellement l'anecdote des ananas, qu'on a si souvent répétée que nous ne la redirions pas si nous ne pouvions y ajouter un trait vraiment caractéristique. — Voici le projet : cent mille pieds d'ananas étaient plantés dans le clos des Jardies, métamorphosé en serres qui n'exigeraient qu'un médiocre chauffage, vu la torridité du site. Les ananas devaient être vendus cinq francs au lieu d'un louis qu'ils coûtent ordinairement, soit cinq cent mille francs; il fallait déduire de ce prix cent mille francs pour les frais de culture, de châssis, de charbon; restaient donc quatre cent mille francs nets qui constituaient à l'heureux propriétaire une rente splendide, — « sans la moindre copie, » ajoutait-il. — Ceci n'est rien, Balzac eut mille projets de ce genre; mais le beau est que nous cherchâmes ensemble, sur le boulevard Montmartre, une boutique pour la vente des ananas encore en germe. La boutique devait être peinte en noir et rechampie de filets d'or; et porter sur son enseigne, en lettres énormes : ANANAS DES JARDIES. »

Pour Balzac, les cent mille ananas hérissaient déjà leurs aigrettes de feuilles dentelées au-dessus de leurs gros cônes d'or quadrillés sous d'immenses voûtes de cristal : il les voyait; il se dilatait à la haute température de la serre, il en aspirait le parfum tropical de ses narines passionnément ouvertes; et quand, rentré chez lui, il regardait, accoudé à la fenêtre, la neige descendre silencieusement sur les pentes décharnées, à peine se détrompait-il de son illusion.

Il se rendit pourtant à notre conseil de ne louer la boutique que l'année suivante, pour éviter des frais inutiles.

Nous écrivons nos souvenirs à mesure qu'ils nous reviennent, sans essayer de mettre de la suite à ce qui n'en peut avoir. — D'ailleurs, comme le disait Boileau, les transitions sont la grande difficulté de la poésie, — et des articles, ajouterons-nous; mais les journalistes modernes n'ont pas autant de conscience ni surtout autant de loisir que le législateur du Parnasse.

Madame de Girardin professait pour Balzac une vive admiration à laquelle il était sensible et dont il se montrait reconnaissant par de fréquentes visites, lui si avare à bon droit de son temps et de ses heures de travail. Jamais femme ne posséda à un si haut degré que Delphine, comme nous nous permettions de l'appeler familièrement entre nous, le don d'exciter l'esprit de ses hôtes. Avec elle, on se trouvait toujours en verve et chacun sortait du salon émerveillé de lui-même. Il n'était caillou si brut dont elle ne fît jaillir une étincelle, et sur Balzac, comme vous le pensez, il ne fallait pas battre le briquet longtemps : il pétillait tout de suite et s'allumait. Balzac n'était pas précisément ce qu'on appelle un causeur, alerte à la réplique, jetant un mot fin et décisif dans une discussion, changeant de sujet au fil de l'entretien, effleurant toute chose avec légèreté, et ne dépassant pas le demi-sourire : il avait une verve, une éloquence, et un brio irrésistibles ; et, comme chacun se taisait pour l'écouter, avec lui, à la satisfaction générale, la conversation dégénérait vite en soliloque. Le point de départ était bientôt oublié et il passait d'une anecdote à une réflexion philosophique, d'une observation de mœurs à une description locale ; à mesure qu'il parlait son teint se colorait, ses yeux devenaient d'un lumineux particulier, sa voix prenait des inflexions différentes, et parfois il se mettait à rire aux éclats, égayé par les apparitions bouffonnes qu'il *voyait* avant de les peindre. Il annonçait ainsi, comme par une sorte de fanfare, l'entrée de ses caricatures et de ses plaisanteries, — et son hilarité était bientôt partagée par les assistants.— Quoique ce fût l'époque des rêveurs échevelés comme des saules, des pleurards à nacelle et des désillusionnés byroniens, Balzac avait cette joie robuste et puissante qu'on suppose à Rabelais, et que Molière ne montra que dans ses pièces. Son large rire épanoui sur ses lèvres sensuelles était celui d'un dieu bon enfant qu'amuse le spectacle des marionnettes humaines, et qui ne s'afflige de rien parce qu'il comprend tout et saisit à la fois les deux côtés des choses. Ni les soucis d'une situation souvent précaire, ni les ennuis d'argent, ni la fatigue de travaux excessifs, ni les claustrations de l'étude, ni le renoncement à tous les plaisirs de la vie, ni la maladie même ne purent abattre cette jovialité herculéenne, selon nous un des caractères les plus frappants de Balzac. Il assommait les hydres en riant, déchirait allégrement les lions en deux, et portait comme un lièvre le sanglier d'Erymanthe sur son épaule montueuse de muscles. A la moindre provocation cette gaieté éclatait et soulevait sa forte poitrine, — elle surprenait même quelques délicats, mais il fallait bien la partager, quelque effort qu'on fît pour tenir son sérieux. Ne croyez pas cependant que Balzac cherchât à divertir sa galerie : il obéissait à une sorte d'ivresse intérieure et peignait en traits rapides, avec une intensité comique et un talent bouffe incomparables, les fantasmagories bizarres qui dansaient dans la chambre noire de son cerveau. Nous ne saurions mieux comparer l'impression produite par certaines de ses conversations qu'à celle qu'on éprouve en feuilletant les étranges dessins des *Songes drôlatiques*, de maître Alcofribas Nasier. Ce sont des personnages monstrueux, composés des éléments les plus hybrides. Les uns ont pour tête un soufflet dont le trou représente l'œil, les autres pour nez une flûte d'alambic; ceux-ci marchent avec des roulettes qui leur tiennent lieu de pieds; ceux-là s'arrondissent en panse de marmite et sont coiffés d'un couvercle en guise de toque, mais une vie intense anime ces êtres chimériques, et l'on reconnaît dans leurs masques grimaçants les vices, les folies et les passions de l'homme. Quelques-uns, quoique absurdement en dehors du possible, vous arrêtent comme des portraits. On leur donnerait un nom.

Quand on écoutait Balzac, tout un carnaval de fantoches extravagants et réels vous cabriolaient devant les yeux, se jetant sur l'épaule une phrase bariolée, agitant de longues manches d'épithètes, se mouchant avec bruit dans un adverbe, se frappant d'une batte d'antithèses, vous tirant par le pan de votre habit, et vous disant vos secrets à l'oreille d'une voix déguisée et nasillarde, pirouettant, tourbillonnant au milieu d'une scintillation de lumières et de paillettes. Rien n'était plus vertigineux, et au bout d'une demi-heure, on sentait, comme l'étudiant après le discours de Méphistophélès, une meule de moulin vous tourner dans la cervelle.

Il n'était pas toujours si lancé, et alors une de ses plaisanteries favorites était de contrefaire le jargon allemand de Nucingen ou de Schmucke, ou bien encore de parler en *rama*, comme les habitués de la pension bourgeoise de madame Vauquer (née de Conflans). — A l'époque où il composa *Un Début dans la vie* sur un canevas de madame de Surville, il cherchait des proverbes par à peu près pour le rapin Mistigris, à qui plus tard, l'ayant trouvé spirituel, il donna une belle position dans la *Comédie humaine*, sous le nom du grand paysagiste Léon de Lora. Voici quelques-uns de ces proverbes : « Il est comme un âne en plaine. » « Je suis comme le lièvre : je meurs ou je m'arrache. » « Les bons comtes font les bons tamis. » « Les extrêmes se bouchent. » « La claque sent toujours le hareng ; » et ainsi de suite. Une trouvaille de ce genre le mettait en belle humeur, et il faisait des gentillesses et des gambades d'éléphant, à travers les meubles, autour du salon. De son côté, madame de Girardin était en quête de mots pour la fameuse dame aux *sept petites chaises* du *Courrier de Paris*. L'on requérait quelquefois notre concours, et si un étranger fût entré, à voir cette belle Delphine peignant de ses doigts blancs les spirales de sa chevelure d'or, d'un air profondément rêveur; Balzac, assis sur les épaules dans le grand fauteuil capitonné où dormait d'habitude M. de Girardin, les mains crispées au fond de ses goussets, son gilet rebroussé au-dessus de son ventre, dandinant une jambe avec un rhythme monotone, exprimant par les muscles contractés de son masque une contention d'esprit extraordinaire; nous accroupi entre deux coussins du divan, comme un thériaki halluciné; — cet étranger, certes, n'aurait pu soupçonner ce que nous faisions là, dans un si grand recueillement; il eût supposé que Balzac pensait à une nouvelle madame

Firmiani, madame de Girardin à un rôle pour mademoiselle Rachel, et nous à quelque sonnet. Mais il n'en était rien. Quant au calembour, Balzac, bien que son ambition secrète fût d'y atteindre, dut, après des efforts consciencieux, reconnaître son incapacité notoire à cet endroit, et s'en tenir aux proverbes par à peu près, qui précédèrent les calembours approximatifs mis en vogue par l'école du bon sens. Quelles bonnes soirées qui ne reviendront plus ! Nous étions loin alors de prévoir que cette grande et superbe femme, taillée en plein marbre antique, que cet homme trapu, robuste, vivace, qui résumait en lui les vigueurs du sanglier et du taureau, moitié hercule, moitié satyre, fait pour dépasser cent ans, s'en iraient sitôt dormir, l'une à Montmartre, l'autre au Père-Lachaise, et que, des trois, nous resterions seul pour fixer ces souvenirs déjà lointains et près de se perdre.

Comme son père, qui mourut accidentellement plus qu'octogénaire, et se flattait de faire sauter la tontine Lafarge, Balzac croyait à sa longévité. Souvent il faisait avec nous des projets d'avenir. Il devait terminer la *Comédie humaine*, écrire la *Théorie de la Démarche*, faire la *Monographie de la Vertu*, une cinquantaine de drames, arriver à une grande fortune, se marier et avoir deux enfants, « mais pas davantage ; deux enfants font bien, disait-il, sur le devant d'une calèche. » Tout cela ne laissait pas que d'être long, et nous lui faisions observer que, ces besognes accomplies, il aurait environ quatre-vingts ans. « Quatre-vingts ans ! s'écriait-il, bah ! c'est la fleur de l'âge. » M. Flourens, avec ses consolantes doctrines, n'eût pas mieux dit.

Un jour que nous dînions ensemble chez M. E. de Girardin, il nous raconta une anecdote sur son père, pour montrer à quelle forte race il appartenait. M. de Balzac père, placé chez un procureur, mangeait suivant l'usage du temps à la table du patron avec les autres clercs. On servit des perdrix. La procureuse qui guignait de l'œil le nouveau venu, lui dit : « M. Balzac, savez-vous découper? — Oui, madame, » répondit le jeune homme, rouge jusqu'aux oreilles; et il empoigna bravement le couteau et la fourchette. Ignorant tout à fait l'anatomie culinaire, il divisa la perdrix en quatre, mais avec tant de vigueur qu'il fendit l'assiette, trancha la nappe et entama le bois de la table. Ce n'était pas adroit, mais c'était fort : la procureuse sourit, et à dater de ce jour, ajoutait Balzac, le jeune clerc fut traité fort doucement dans la maison.

Cette historiette racontée semble froide, mais il fallait voir la mimique de Balzac imitant sur son assiette l'exploit paternel, l'air effaré et résolu à la fois qu'il prenait, la façon dont il saisissait son couteau après avoir retroussé sa manche et dont il enfonçait sa fourchette dans une perdrix imaginaire ; Neptune chassant des monstres marins ne manie pas son trident d'un poing plus vigoureux, et quelle pesée immense il faisait ! Ses joues s'en empourpraient, les yeux lui en sortaient de la tête, mais l'opération terminée, comme il promenait sur l'assemblée un regard de satisfaction naïve, cherchant à se voiler sous la modestie !

Au reste, Balzac avait en lui l'étoffe d'un grand acteur : il possédait une voix pleine, sonore, cuivrée, d'un timbre riche et puissant, qu'il savait modérer et rendre très-douce au besoin, et il lisait d'une manière admirable, talent qui manque à la plupart des acteurs. Ce qu'il racontait, il le jouait avec des intonations, des grimaces et des gestes qu'aucun comédien n'a dépassés à notre avis.

Nous trouvons dans *Marguerite*, de madame de Girardin, ce souvenir de Balzac. C'est un personnage du livre qui parle.

« Il raconta que Balzac avait dîné chez lui la veille, et qu'il avait été plus brillant, plus étincelant que jamais. Il nous a bien amusés avec le récit de son voyage en Autriche. Quel feu ! Quelle verve ! Quelle puissance d'imitation ! C'était merveilleux. Sa manière de payer les postillons est une invention qu'un romancier de génie pouvait seul trouver. « J'étais très-embarrassé à chaque relais, disait-il ; comment faire pour payer ? Je ne savais pas un mot d'allemand, je ne connaissais pas la monnaie du pays. C'était très-difficile. Voilà ce que j'avais imaginé. J'avais un sac rempli de petites pièces d'argent, de kreutzers... Arrivé au relais, je prenais mon sac ; le postillon venait à la portière de la voiture ; je le regardais attentivement entre les deux yeux, et je lui mettait dans la main un kreutzer,... deux kreutzers,... puis trois, puis quatre, etc., jusqu'à ce que je le visse sourire.... Dès qu'il souriait, je comprenais que je lui donnais un kreutzer de trop... Vite je reprenais ma pièce et mon homme était payé. »

Aux Jardies, il nous lut — *Mercadet,* — le *Mercadet* primitif, bien autrement ample, compliqué et touffu que la pièce arrangée pour le Gymnase par d'Ennery, avec tant de tact et d'habileté. Balzac, qui lisait comme Tieck, sans indiquer ni les actes, ni les scènes, ni les noms, affectait une voix particulière et parfaitement reconnaissable à chaque personnage; les organes dont il dotait les différentes espèces de créanciers étaient d'un comique désopilant : il y en avait de rauques, de mielleux, de précipités, de traînards, de menaçants, de plaintifs. Cela glapissait, cela miaulait, cela grondait, cela grommelait, cela hurlait sur tous les tons possibles et impossibles. La Dette chantait d'abord un solo que soutenait bientôt un chœur immense. Il sortait des créanciers de partout, de derrière le poêle, de dessous le lit, des tiroirs de commode; le tuyau de la cheminée en vomissait; il en filtrait par le trou de la serrure; d'autres escaladaient la fenêtre comme des amants; ceux-ci jaillissaient du fond d'une malle pareils aux diables des joujoux à surprises, ceux-là passaient à travers les murs comme à travers une trappe anglaise, et c'était une cohue, un tapage, une invasion, une vraie marée montante. Mercadet avait beau les secouer, il en revenait toujours d'autres à l'assaut, et jusqu'à l'horizon on devinait un sombre fourmillement de créanciers en marche, arrivant comme les légions de termites pour dévorer leur proie. Nous ne savons si la pièce était meilleure ainsi, mais jamais représentation ne produisit un tel effet.

Balzac, pendant cette lecture de *Mercadet*, occupait, à demi-couché, un long divan dans le salon des Jardies, car il s'était foulé le pied, en glissant comme ses murs sur la glaise de sa propriété. Quelque brindille, passant à travers l'étoffe, piquait la peau de sa jambe et l'incommodait. « La perse est trop mince, *le foin* la traverse ; il faudra mettre une toile épaisse dessous, dit-il en arrachant la pointe qui le gênait. »

François, le Caleb de ce Ravenswood, n'entendait pas raillerie sur les splendeurs du manoir. — Il reprit son maître et dit : *le crin.* « Le tapissier m'a donc trompé ? répondit Balzac. Ils sont tous les mêmes. J'avais recommandé de mettre du foin ! Sacré voleur ! »

Les magnificences des Jardies n'existaient guère qu'à l'état de rêve. Tous les amis de Balzac se souviennent d'avoir vu écrit au charbon sur les murs nus ou plaqués de papier gris · « Boiseries de palissandre, — tapisseries des Gobelins, — glaces de Venise, — tableaux de Raphaël. » Gérard de Nerval avait déjà décoré un appartement de cette manière, et cela ne nous étonnait pas. Quand à Balzac, il se croyait littéralement dans l'or, le marbre et la soie; mais, s'il n'acheva pas les Jardies et s'il prêta à rire par ses chimères, il sut du moins se bâtir une demeure éternelle, un monument « plus durable que l'airain, » une cité immense, peuplée de ses créations et dorée par les rayons de sa gloire.

Par une bizarrerie de nature qui lui est commune avec plusieurs des écrivains les plus poétiques de ce siècle, tels que Chateaubriand, madame de Staël, George Sand, Mérimée, Janin, Balzac ne possédait ni le dôn ni l'amour du vers, quelque effort qu'il fît d'ailleurs pour y arriver. Sur ce point, son jugement si fin, si profond, si sagace faisait défaut; il admirait un peu au hasard et en quelque sorte d'après la notoriété publique. Nous ne croyons pas, bien qu'il professât un grand respect pour Victor Hugo, qu'il ait jamais été fort sensible aux qualités lyriques du poète, dont la prose sculptée et colorée à la fois l'émerveillait. Lui, si laborieux pourtant et qui retournait une phrase autant de fois qu'un versificateur peut remettre un alexandrin sur l'enclume, il trouvait le travail métrique puéril, fastidieux et sans utilité. Il eût volontiers récompensé d'un boisseau de pois ceux qui parvenaient à faire passer l'idée par l'anneau étroit du rhythme, comme fit Alexandre pour le Grec habile à lancer de loin des boulettes dans une bague ; le vers, avec sa forme arrêtée et pure, sa langue elliptique et peu propre à la multiplicité du détail, lui semblait un obstacle inventé à plaisir, une difficulté superflue ou un moyen de mnémonique à l'usage des temps primitifs.

Sa doctrine était là-dessus à peu de chose près celle de Stendhal : « L'idée qu'un ouvrage a été fait à cloche-pied peut-elle ajouter au plaisir qu'il produit? » — L'école romantique contenait dans son sein quelques adeptes, partisans de la vérité absolue, qui rejetaient le vers comme peu ou point naturel. Si Talma disait : « Pas de beaux vers! » Beyle disait : « Pas de vers du tout. » C'était au fond le sentiment de Balzac, quoique pour paraître large, compréhensif, universel, il fît quelquefois dans le monde semblant d'admirer la poésie, de même que les bourgeois simulent un grand enthousiasme pour la musique qui les ennuie profondément. Il s'étonnait toujours de nous voir faire des vers et du plaisir que nous y prenions. — « Ce n'était pas de la copie, » disait-il, et s'il nous estimait, nous le devions à notre prose. Tous les écrivains, jeunes alors, qui se rattachaient au mouvement littéraire représenté par Hugo se servaient, comme le maître, de la lyre ou de la plume : Alfred de Vigny, Sainte-Beuve, Alfred de Musset, parlaient indifféremment la langue des dieux et la langue des hommes. Nous-même, s'il nous est permis de nous citer après des noms si glorieux, nous avons eu dès le début cette double faculté. Il est toujours facile aux poètes de descendre à la prose. L'oiseau peut marcher au besoin, mais le lion ne vole pas Les prosateurs-nés ne s'élèvent jamais à la poésie, quelque poétiques qu'ils soient d'ailleurs. C'est un don particulier que celui de la parole rhythmée, et tel le possède sans pour cela être un grand génie, tandis qu'il est refusé souvent à des esprits supérieurs. Parmi les plus fiers qui le dédaignent en apparence, plus d'un garde même à son insu comme une secrète rancune de ne pas l'avoir.

Dans les deux mille personnages de la *Co-*

médie humaine, il se trouve deux poètes : le Canalis, de *Modeste Mignon*, et le Lucien de Rubempré, de *Splendeurs et Misères des Courtisanes*. Balzac les a représentés l'un et l'autre sous des traits peu favorables. Canalis est un esprit sec, froid, stérile, plein de petitesses, un adroit arrangeur de mots, un joaillier en faux, qui sertit du strass dans de l'argent doré, et compose des colliers en perles de verre. Ses volumes à blancs multipliés, à grandes marges, à larges intervalles, ne contiennent qu'un néant mélodieux, qu'une musique monotone, propre à endormir ou faire rêver les jeunes pensionnaires. Balzac, qui épouse ordinairement avec chaleur les intérêts de ses personnages, semble prendre un secret plaisir à ridiculiser celui-ci et à le mettre dans des positions embarrassantes : il crible sa vanité de mille ironies et de mille sarcasmes, et finit par lui ôter Modeste Mignon avec sa grande fortune, pour la donner à Ernest de la Brière. Ce dénoûment, contraire au commencement de l'histoire, pétille de malice voilée et de fine moquerie. On dirait que Balzac est personnellement heureux du bon tour qu'il joue à Canalis. Il se venge, à sa façon, des anges, des sylphes, des lacs, des cygnes, des saules, des nacelles, des étoiles et des lyres prodiguées par le poète.

Si dans Canalis nous avons le faux poète, économisant sa maigre veine et lui mettant des barrages pour qu'elle puisse couler, écumer et bruire pendant quelques minutes, de manière à simuler la cascade, l'homme habile se servant de ses succès littéraires laborieusement préparés pour ses ambitions politiques, l'être positif aimant l'argent, les croix, les pensions et les honneurs, malgré ses attitudes élégiaques et ses poses d'ange regrettant le ciel, Lucien de Rubempré nous montre le poète paresseux, frivole, insouciant, fantasque et nerveux comme une femme, incapable d'effort suivi, sans force morale, vivant aux crocs des comédiennes et des courtisanes, marionnette dont le terrible Vautrin, sous le pseudonyme de Carlos Herrera, tire les ficelles à son gré. Malgré tous ses vices, il est vrai, Lucien est séduisant ; Balzac l'a doté d'esprit, de beauté, de jeunesse, d'élégance ; les femmes l'adorent ; mais il finit par se pendre à la Conciergerie. Balzac a fait tout ce qu'il a pu pour mener à bien le mariage de Clotilde de Grandlieu avec l'auteur des *Marguerites ;* par malheur les exigences de la morale étaient là, et qu'eût dit le faubourg Saint-Germain de la *Comédie humaine,* si l'élève du forçat Jacques Collin avait épousé la fille d'un duc ?

A propos de l'auteur des *Marguerites*, consignons ici un petit renseignement qui pourra amuser les curieux littéraires. Les quelques sonnets que Lucien de Rubempré fait voir comme échantillon de son volume de vers au libraire Dauriat ne sont pas de Balzac, qui ne faisait pas de vers, et demandait à ses amis ceux dont il avait besoin. Le sonnet sur la *Marguerite* est de madame de Girardin, le sonnet sur le *Camellia* de Lassailly, celui sur la *Tulipe* de votre serviteur.

Modeste Mignon renferme aussi une pièce de vers, mais nous en ignorons l'auteur.

Comme nous l'avons dit à propos de *Mercadet*, Balzac était un admirable lecteur, et il voulut bien, un jour, nous lire quelques-uns de nos propres vers. — Il nous récita, entre autres, la *Fontaine du Cimetière*. Comme tous les prosateurs, il lisait pour le sens, et tâchait de dissimuler le rhythme que les poètes, lorsqu'ils débitent leurs vers tout haut, accentuent au contraire d'une façon insupportable à tout le monde, mais qui les ravit tout seuls, et nous eûmes ensemble, à ce propos, une longue discussion, qui ne servit, comme toujours, qu'à nous entêter chacun dans notre opinion particulière.

Le grand homme littéraire de la *Comédie humaine* est Daniel d'Arthez, un écrivain sérieux, piocheur, et longtemps enfoui, avant d'arriver à la gloire, dans d'immenses études de philosophie, d'histoire et de linguistique. Balzac avait peur de la facilité, et il ne croyait pas qu'une œuvre rapide pût être bonne. Sous ce rapport, le journalisme lui répugnait singulièrement, et il regardait le temps et le talent qu'on y consacrait comme perdus ; il n'aimait guère non plus les journalistes, et lui, si grand critique pourtant, méprisait la critique. Les portraits peu flattés qu'il a tracés d'Etienne Loustau, de Nathan, de Vernisset, d'Andoche Finot, représentent assez bien son opinion réelle à l'endroit de la presse. Emile

Blondet, mis dans cette mauvaise compagnie pour représenter le *bon écrivain*, est récompensé de ses articles aux *Débats* imaginaires de la *Comédie humaine* par un riche mariage avec la veuve d'un général, qui lui permet de quitter le journalisme.

Du reste, Balzac ne travailla jamais au point de vue du journal. Il portait ses romans aux revues et aux feuilles quotidiennes tels qu'ils lui étaient venus, sans préparer de suspensions et de traquenards d'intérêt à la fin de chaque feuilleton, pour faire désirer la suite. La chose était coupée en tartines à peu près d'égale longueur, et quelquefois la description d'un fauteuil commencée la veille finissait le lendemain. Avec raison, il ne voulait pas diviser son œuvre en petits tableaux de drame ou de vaudeville ; il ne pensait qu'au livre. Cette façon de procéder nuisit souvent au succès immédiat que le journalisme exige des auteurs qu'il emploie. Eugène Sue, Alexandre Dumas l'emportèrent fréquemment sur Balzac dans ces batailles de chaque matin qui passionnaient alors le public. Il n'obtint pas de ces vogues immenses, comme celles des *Mystères de Paris* et du *Juif-Errant*, des *Mousquetaires* et de *Monte-Cristo*. — Les *Paysans*, ce chef-d'œuvre, provoquèrent même un grand nombre de désabonnements à la *Presse*, où en parut la première partie. On dut interrompre la publication. Tous les jours arrivaient des lettres qui demandaient qu'on en finît. — On trouvait Balzac ennuyeux!

On n'avait pas encore bien compris la grande idée de l'auteur de la *Comédie humaine* — prendre la société moderne — et faire sur Paris et notre époque ce livre qu'aucune civilisation antique ne nous a malheureusement laissé. L'édition compacte de la *Comédie humaine*, en rassemblant toutes ses œuvres éparses, mit en relief l'intention philosophique de l'écrivain. A dater de là, Balzac grandit considérablement dans l'opinion, et l'on cessa enfin de le considérer « comme le plus fécond de nos romanciers, » phrase stéréotypée qui l'irritait autant que celle-ci « l'auteur d'*Eugénie Grandet.* »

L'on a fait nombre de critiques sur Balzac et parlé de lui de bien des façons, mais on n'a pas insisté sur un point très-caractéristique à notre avis : —ce point est la modernité absolue de son génie. Balzac ne doit rien à l'antiquité ; — pour lui il n'y a ni Grecs ni Romains, et il n'a pas besoin de crier qu'on l'en délivre. On ne retrouve dans la composition de son talent aucune trace d'Homère, de Virgile, d'Horace, pas même du *de Viris illustribus ;* personne n'a jamais été moins classique.

Balzac, comme Gavarni, a vu ses contemporains; et, dans l'art, la difficulté suprême c'est de peindre ce qu'on a devant les yeux; on peut traverser son époque sans l'apercevoir, et c'est ce qu'ont fait beaucoup d'esprits éminents.

Etre de son temps, — rien ne paraît plus simple et rien n'est plus malaisé! Ne porter aucunes lunettes, ni bleues ni vertes, penser avec son propre cerveau, se servir de la langue actuelle, ne pas recoudre en centons les phrases de ses prédécesseurs! Balzac posséda ce rare mérite. Les siècles ont leur perspective et leur recul; à cette distance les grandes masses se dégagent, les lignes s'arrêtent, les détails papillotants disparaissent; à l'aide des souvenirs classiques, des noms harmonieux de l'antiquité, le dernier rhétoricien venu fera une tragédie, un poëme, une étude historique. Mais, se trouver dans la foule, coudoyé par elle, et en saisir l'aspect, en comprendre les courants, y démêler les individualités, dessiner les physionomies de tant d'êtres divers, montrer les motifs de leurs actions, voilà qui exige un génie tout spécial, et ce génie, l'auteur de la *Comédie humaine* l'eut à un degré que personne n'égala et n'égalera probablement.

Cette profonde compréhension des choses modernes rendait, il faut le dire, Balzac peu sensible à la beauté plastique. Il lisait d'un œil négligent les blanches strophes de marbre où l'art grec chanta la perfection de la forme humaine. Dans le Musée des antiques, il regardait la Vénus de Milo sans grande extase, mais la Parisienne arrêtée devant l'immortelle statue, drapée de son long cachemire filant sans un pli de la nuque au talon, coiffée de son chapeau à voilette de Chantilly, gantée de son étroit gant Jouvin, avançant sous l'ourlet de sa robe à volants le bout verni de sa bottine claquée, faisait pétiller son œil de plaisir. Il en analysait les coquettes allures, il en dégustait longuement les grâces savantes, tout en trouvant comme elle que la déesse avait la taille bien lourde et ne ferait pas bonne figure chez mesdames de Beauséant, de Listomère ou d'Espard. La beauté idéale, avec ses lignes sereines et pures, était trop simple, trop froide, trop une, pour ce génie compliqué, touffu et divers. — Aussi dit-il quelque part : « Il faut être Raphaël pour faire beaucoup de vierges. » — Le *caractère* lui plaisait plus que le *style*, et il préférait la physionomie à la beauté. Dans ses portraits de femme, il ne manque jamais de mettre un signe, un pli, une ride, une plaque rose, un coin attendri et fatigué, une veine trop apparente, quelque détail indiquant les meurtrissures de la vie qu'un poète, traçant la même image, eût à coup sûr supprimé, à tort sans doute.

Nous n'avons nullement l'intention de critiquer Balzac en cela. Ce *défaut* est sa principale *qualité*. Il n'accepta rien des mythologies et des traditions du passé, et il ne connut pas, heureusement pour nous, cet idéal fait avec les vers des poètes, les marbres de la Grèce et de Rome, les tableaux de la Renaissance, qui s'interpose entre les yeux des artistes et la réalité. Il aima la femme de nos jours telle qu'elle est, et non pas une pâle statue; il l'aima dans ses vertus, dans ses vices, dans ses fantaisies, dans ses châles, dans ses robes, dans ses chapeaux, et la suivit à travers la vie, bien au-delà du point de la route où l'amour la quitte. Il en prolongea la jeunesse de plusieurs saisons, lui fit des printemps avec les étés de la Saint-Martin, et en dora le couchant des plus splendides rayons. On est si classique, en France, qu'on ne s'est pas aperçu, après deux mille ans, que les roses, sous notre climat, ne fleurissent pas en avril comme dans les descriptions des poètes antiques, mais en juin, et que nos femmes commencent à être belles à l'âge où celles de la Grèce, plus précoces, cessaient de l'être. Que de types charmants il a imaginés ou reproduits ! madame Firmiani, la duchesse de Maufrigneuse, la princesse de Cadignan, madame de Morsauf, lady Dudley, la duchesse de Langeais, madame Jules, Modeste Mignon, Diane de Chaulieu, sans compter les bourgeoises, les grisettes et les dames aux camélias de son demi-monde.

Et comme il aimait et connaissait ce Paris moderne, dont en ce temps-là les amateurs de couleur locale et de pittoresque appréciaient si peu la beauté ! Il le parcourait en tous sens de nuit et de jour ; il n'est pas de ruelle perdue, de passage infect, de rue étroite, boueuse et noire qui ne devînt sous sa plume une eau-forte digne de Rembrandt, pleine de ténèbres fourmillantes et mystérieuses où scintille une tremblotante étoile de lumière. Richesses et misères, plaisirs et souffrances, hontes et gloires, grâces et laideurs, il savait tout de sa ville chérie ; c'était pour lui un monstre énorme, hybride, formidable, un polype aux cent mille bras qu'il écoutait et regardait vivre, et qui formait à ses yeux comme une immense individualité. — Voyez à ce propos les merveilleuses pages placées au commencement de la *Fille aux yeux d'or*, dans lesquelles Balzac, empiétant sur l'art du musicien, a voulu, comme dans une symphonie à grand orchestre, faire chanter ensemble toutes les voix, tous les sanglots, tous les cris, toutes les rumeurs, tous les grincements de Paris en travail !

De cette *modernité* sur laquelle nous appuyons à dessein provenait, sans qu'il s'en doutât, la difficulté de travail qu'éprouvait

Balzac dans l'accomplissement de son œuvre : la langue française épurée par les classiques du XVIIe siècle, n'est propre, lorsqu'on veut s'y conformer, qu'à rendre des idées générales, et qu'à peindre des figures conventionnelles dans un milieu vague. Pour exprimer cette multiplicité de détails, de caractères, de types, d'architectures, d'ameublements, Balzac fut obligé de se forger une langue spéciale, composée de toutes les technologies, de tous les argots de la science, de l'atelier, des coulisses, de l'amphithéâtre même. Chaque mot qui disait quelque chose était le bienvenu, et la phrase, pour le recevoir, ouvrait une incise, une parenthèse, et s'allongeait complaisamment. — C'est ce qui a fait dire aux critiques superficiels que Balzac ne savait pas écrire. — Il avait, bien qu'il ne le crût pas, un style et un très-beau style, — le style nécessaire, fatal et mathématique de son idée !

Personne ne peut avoir la prétention de faire une biographie complète de Balzac; toute liaison avec lui était nécessairement coupée de lacunes, d'absences, de disparitions. Le travail commandait absolument la vie de Balzac, et si, comme il le dit lui-même avec un accent de touchante sensibilité dans une lettre à sa sœur, il a sacrifié sans peine à ce dieu jaloux les joies et les distractions de l'existence, il lui en a coûté de renoncer à tout commerce un peu suivi d'amitié. Répondre quelques mots à une longue missive devenait pour lui dans ses accablements de besogne une prodigalité qu'il pouvait rarement se permettre; il était l'esclave de son œuvre et l'esclave volontaire. Il avait, avec un cœur très-bon et très-tendre, l'égoïsme du grand travailleur. Et qui eût songé à lui en vouloir de négligences forcées et d'oublis apparents, lorsqu'on voyait les résultats de ses fuites ou de ses réclusions?

Quand, l'œuvre parachevée, il reparaissait, on eût dit qu'il vous eût quitté la veille, et il reprenait la conversation interrompue, comme si quelquefois six mois et plus ne se fussent pas écoulés. Il faisait des voyages en France pour étudier les localités où il plaçait ses *Scènes de Province,* et se retirait chez des amis, en Touraine, ou dans la Charente, trouvant là un calme que ses créanciers ne lui laissaient pas toujours à Paris. Après quelque grand ouvrage, il se permettait, parfois, une excursion plus longue en Allemagne, dans la haute Italie, ou en Suisse; mais ces courses faites rapidement, avec des préoccupations d'échéances à payer, de traités à remplir, et un viatique assez borné, le fatiguaient peut-être plus qu'elles ne le reposaient. — Son grand œil buvait les cieux, les horizons, les montagnes, les paysages, les monuments, les maisons, les intérieurs pour les confier à cette mémoire universelle et minutieuse qui ne lui fit jamais défaut. Supérieur en cela aux poètes descriptifs, Balzac voyait l'homme en même temps que la nature; il étudiait les physionomies, les mœurs, les passions, les caractères du même regard que les sites, les costumes et le mobilier. Un détail lui suffisait, comme à Cuvier le moindre fragment d'os, pour supposer et reconstituer juste une personnalité entrevue en passant. L'on a souvent loué chez Balzac, et avec raison, son talent d'observateur; mais, quelque grand qu'il fût, il ne faut pas s'imaginer que l'auteur de la *Comédie humaine* copiât toujours d'après nature ses portraits d'une vérité si frappante d'ailleurs. Son procédé ne ressemble nullement à celui de Henri Monnier, qui suit dans la vie réelle un individu pour en faire le croquis au crayon et à la plume, dessinant ses moindres gestes, écrivant ses phrases les plus insignifiantes de façon à obtenir à la fois une plaque de daguerréotype et une page de sténographie. Enseveli la plupart du temps dans les fouilles de ses travaux, Balzac n'a pu matériellement observer les deux mille personnages qui jouent leur rôle dans sa comédie aux cent actes; mais tout homme, quand il a l'œil intérieur, contient l'humanité : c'est un microcosme où rien ne manque.

Il a, non pas toujours, mais souvent observé en lui-même les types nombreux qui vivent dans son œuvre. C'est pour cela qu'ils sont si complets. Nul ne saurait suivre absolument la vie d'un autre; en pareil cas, il y a des motifs qui restent obscurs, des détails inconnus, des actions dont on perd la trace. Dans le portrait même le plus fidèle, il faut une part de création. Balzac a donc créé beaucoup plus qu'il n'a vu. Ses rares facultés d'analyste, de physiologiste, d'anatomiste, ont servi seulement chez lui le poète, de même qu'un préparateur sert le professeur en chaire lorsqu'il lui passe les substances dont il a besoin pour ses démonstrations.

Ce serait peut-être ici le lieu de définir la *vérité* telle que l'a comprise Balzac; en ce temps de réalisme, il est bon de s'entendre sur ce point. La vérité de l'art n'est point celle de la nature; tout objet rendu par le moyen de l'art contient forcément une part de convention; faites-la aussi petite que possible, elle existe toujours, ne fût-ce en peinture que la perspective, en littérature que la langue. Balzac accentue, grandit, grossit, élague, ajoute, ombre, éclaire, éloigne ou approche les hommes ou les choses selon l'effet qu'il veut produire. Il est *vrai,* sans doute, mais avec les augmentations et les sacrifices de *l'art.* Il prépare des fonds sombres et frottés de bitume à ses figures lumineuses, il met des fonds blancs derrière ses figures brunes. Comme

Rembrandt, il pique à propos la paillette de jour sur le front ou le nez du personnage; — quelquefois, dans la description, il obtient des résultats fantastiques et bizarres, en plaçant, sans en rien dire, un microscope sous l'œil du lecteur; les détails apparaissent alors avec une netteté surnaturelle, une minutie exagérée, des grossissements incompréhensibles et formidables; les tissus, les squammes, les pores, les villosités, les grains, les fibres, les filets capillaires prennent une importance énorme, et font d'un visage insignifiant à l'œil nu une sorte de mascaron chimérique aussi amusant que les masques sculptés sous la corniche du Pont-Neuf et vermiculés par le temps. Les caractères sont aussi poussés à outrance, comme il convient à des types : si le baron Hulot est un libertin, il personnifie en outre la luxure : c'est un homme et un vice, une individualité et une abstraction; il réunit en lui tous les traits épars du caractère. Où un écrivain de moindre génie eût fait un portrait, Balzac a fait une figure. Les hommes n'ont pas tant de muscles que Michel-Ange leur en met pour donner l'idée de la force. Balzac est plein de ces exagérations utiles, de ces traits noirs qui nourrissent et soutiennent le contour ; il imagine en copiant, à la façon des maîtres, et imprime sa touche à chaque chose. Comme ce n'est pas une critique littéraire, mais une étude biographique que nous faisons, nous ne pousserons pas plus loin ces remarques qu'il suffit d'indiquer. Balzac, que l'école réaliste semble vouloir revendiquer pour maître, n'a aucun rapport de tendance avec elle.

Contrairement à certaines illustrations littéraires qui ne se nourrissent que de leur propre génie, Balzac lisait beaucoup et avec une rapidité prodigieuse. Il aimait les livres, et il s'était formé une belle bibliothèque qu'il avait l'intention de laisser à sa ville natale, idée dont l'indifférence de ses compatriotes à son endroit le fit plus tard revenir. Il absorba en quelques jours les œuvres volumineuses de Swedenborg, que possédait madame Balzac mère, assez préoccupée du mysticisme à cette époque, et cette lecture nous valut *Séraphita–Séraphitus*, une des plus étonnantes productions de la littérature moderne. Jamais Balzac n'approcha, ne serra de plus près la beauté idéale que dans ce livre : l'ascension sur la montagne a quelque chose d'éthéré, de surnaturel, de lumineux qui vous enlève à la terre. Les deux seules couleurs employées sont le bleu céleste, le blanc de neige avec quelques tons nacrés pour ombre. Nous ne connaissons rien de plus enivrant que ce début. Le panorama de la Norwége, découpée par ses bords et vue de cette hauteur, éblouit et donne le vertige.

Louis Lambert se ressent aussi de la lecture

de Swedenborg; mais bientôt Balzac, qui avait emprunté les ailes d'aigle des mystiques pour planer dans l'infini, redescendit sur la terre où nous sommes, bien que ses robustes poumons pussent respirer indéfiniment l'air subtil, mortel pour les faibles : il abandonna l'extra-monde après cet essor, et rentra dans la vie réelle. Peut-être son beau génie eût-il été trop vite hors de vue s'il avait continué à s'élever vers les insondables immensités de la métaphysique, et devons-nous considérer comme une chose heureuse qu'il se soit borné à *Louis Lambert* et à *Séraphita-Séraphitus,* qui représentent suffisamment, dans la *Comédie humaine,* le côté surnaturel, et ouvrent une porte assez large sur le monde invisible.

Passons maintenant à quelques détails plus intimes. Le grand Gœthe avait trois choses en horreur : une de ces choses était la fumée de tabac, on nous dispensera de dire les deux autres. Balzac, comme le Jupiter de l'Olympe poétique allemand, ne pouvait souffrir le tabac, sous quelque forme que ce fût ; il anathématisait la pipe et proscrivait le cigare. Il n'admettait même pas le léger papelito espagnol ; le narguilhé asiatique trouvait seul grâce devant lui, et encore ne le souffrait-il que comme *biblot* curieux et à cause de sa couleur locale. Dans ses philippiques contre l'herbe de Nicot, il n'imitait pas ce docteur qui pendant une dissertation sur les inconvénients du tabac, ne cessait de puiser d'amples prises à une large tabatière placée près de lui : il ne fuma jamais Sa *Théorie des excitants* contient un réquisitoire en forme à l'endroit du tabac, et nul doute que s'il eût été sultan, comme Amurath, il n'eût fait couper la tête aux fumeurs relaps et obstinés. Il réservait toutes ses prédilections pour le café, qui lui fit tant de mal et le tua peut-être quoiqu'il fût organisé pour devenir centenaire.

Balzac avait-il tort ou raison ? Le tabac, comme il le prétendait, est-il un poison mortel et intoxique-t-il ceux qu'il n'abrutit pas? Est-ce l'opium de l'Occident, l'endormeur de la volonté et de l'intelligence? C'est une question que nous ne saurions résoudre ; mais nous allons rassembler ici les noms de quelques personnages célèbres de ce siècle, dont les uns fumaient et les autres ne fumaient pas : Gœthe, Henri Heine, abstention singulière pour des Allemands, ne fumaient pas ; Byron fumait; Victor Hugo ne fume pas, non plus qu'Alexandre Dumas père ; en revanche Alfred de Musset, Eugène Sue, Georges Sand, Mérimée, Paul de Saint-Victor, Emile Augier, Ponsard, ont fumé et fument ; il ne sont cependant pas précisément des imbéciles.

Cette aversion, du reste, est commune à

presque tous les hommes qui sont nés avec le siècle ou un peu avant. Les marins et les soldats seuls fumaient alors ; à l'odeur de la pipe ou du cigare, les femmes s'évanouissaient : elles se sont bien aguerries depuis, et plus d'une lèvre rose presse avec amour le bout doré d'un *puro*, dans le boudoir changé en tabagie. Les douairières et les mères à turban ont seules conservé leur vieille antipathie, et voient stoïquement leurs salons réfractaires désertés par la jeunesse.

Toutes les fois que Balzac est obligé, pour la vraisemblance du récit, de laisser un de ses personnages s'adonner à cette habitude horrible, sa phrase brève et dédaigneuse trahit un secret blâme : « Quant à de Marsay, dit-il, il était occupé à fumer ses cigares. » Et il faut qu'il aime bien ce condottiere du dandysme, pour lui permettre de fumer dans son œuvre.

Une femme délicate et petite-maîtresse avait

sans doute imposé cette aversion à Balzac. C'est un point que nous ne saurions résoudre. Toujours est-il qu'il ne fit pas gagner un sou à la régie. A propos de femmes, Balzac, qui les a si bien peintes, devait les connaître, et l'on sait le sens que la Bible attache à ce mot. Dans une des lettres qu'il écrit à madame de Surville, sa sœur, Balzac, tout jeune et complétement ignoré, pose l'idéal de sa vie en deux mots : « Etre célèbre et être aimé. » La première partie de ce programme, que se tracent du reste tous les artistes, a été réalisée de point en point. La seconde a-t-elle reçu son accomplissement? L'opinion des plus intimes amis de Balzac est qu'il pratiqua la chasteté qu'il recommandait aux autres, et n'eut tout au plus que des amours platoniques ; mais madame de Surville sourit à cette idée, avec un sourire d'une finesse féminine et tout plein de pudiques réticences. Elle prétend que son frère était d'une discrétion à toute épreuve, et que s'il eût voulu parler, il eût eu beaucoup de choses à dire. Cela doit être, et sans doute la cassette de Balzac contenait plus de petites lettres à l'écriture fine et penchée que la boîte en laque de Canalis. Il y a, dans son œuvre, comme une odeur de femme : *odor di femina ;* quand on y entre, on entend derrière les portes qui se referment sur les marches de l'escalier dérobé des froufrou de soie et des craquements de bottines. Le salon semi-circulaire et matelassé de la rue des Batailles, dont nous avons cité la description placée par l'auteur dans la *Fille aux yeux d'or,* ne resta donc pas complétement virginal, comme plusieurs de nous le supposèrent. Dans le cours de notre intimité, qui dura de 1836 jusqu'à sa mort, une seule fois Balzac fit allusion, avec les termes les plus respectueux et les plus attendris, à un attachement de sa première jeunesse, et encore ne nous livra-t-il que le prénom de la personne dont, après tant d'années, le souvenir lui faisait les yeux humides. Nous en eût-il dit davantage, nous n'abuserions certes pas de ses confidences; le génie d'un grand écrivain appartient à tout le monde, mais son cœur est à lui. Nous effleurons en passant ce côté tendre et délicat de la vie de Balzac, parce que nous n'avons rien à dire qui ne lui fasse honneur. Cette réserve et ce mystère sont d'un galant homme. S'il fut aimé comme il le souhaitait dans ses rêves de jeunesse, le monde n'en sut rien.

N'allez pas vous imaginer d'après cela que Balzac fût austère et pudibond en paroles : l'auteur des *Contes drôlatiques* était trop nourri de Rabelais et trop pantagruéliste pour ne pas avoir le mot pour rire; il savait de bonnes histoires et en inventait : ses grasses gaillardises entrelardées de crudités gauloises eussent fait crier *shocking* au *cant* épouvanté ; mais ses lèvres rieuses et bavardes étaient scellées comme le tombeau lorsqu'il s'agissait d'un sentiment sérieux. A peine laissa-t-il deviner à ses plus chers son amour pour une étrangère de distinction, amour dont on peut parler, puisqu'il fut couronné par le mariage. C'est à cette passion conçue depuis longtemps qu'il faut rapporter ses excursions lointaines, dont le but resta jusqu'au dernier jour un mystère pour ses amis.

Absorbé par son œuvre, Balzac ne pensa qu'assez tard au théâtre, pour lequel l'opinion générale jugea, à tort selon nous, d'après quelques essais plus ou moins chanceux, qu'il n'était guère propre. Celui qui créa tant de types, analysa tant de caractères, fit mouvoir tant de personnages, devait réussir à la scène; mais, comme nous l'avons dit, Balzac n'était pas primesautier, et l'on ne peut pas corriger les épreuves d'un drame. S'il eût vécu, au bout d'une douzaine de pièces, il eût assurément trouvé sa forme et atteint le succès; il s'en est fallu de bien peu que la *Marâtre* jouée au Théâtre-Historique ne fût un chef-d'œuvre. *Mercadet*, légèrement ébarbé par un arrangeur intelligent, obtint une longue vogue posthume au Gymnase.

Cependant, ce qui détermina ses tentatives fut plutôt, nous devons le dire, l'idée d'un gros gain qui le libérerait d'un seul coup de ses embarras financiers qu'une vocation bien réelle. Le théâtre, on le sait, rapporte beaucoup plus que le livre; la continuité des représentations, sur lesquelles un droit assez fort est prélevé, produit vite par l'accumulation des sommes considérables. Si le travail de combinaison est plus grand, la besogne matérielle est moindre. Il faut plusieurs drames pour remplir un volume, et pendant que vous vous promenez ou que vous restez nonchalamment les pieds dans vos pantoufles, les rampes s'allument, les décors descendent des frises, les acteurs déclament et gesticulent, et vous vous trouvez avoir gagné plus d'argent qu'en griffonnant toute une semaine courbé péniblement sur votre pupitre. Tel mélodrame a valu à son auteur plus que *Notre-Dame de Paris* à Victor Hugo et les *Parents pauvres* à Balzac.

Chose singulière, Balzac qui méditait, élaborait et corrigeait ses romans avec une méticulosité si opiniâtre, semblait, lorsqu'il s'agissait de théâtre, pris du vertige de la rapidité. Non-seulement il ne refaisait pas huit ou dix fois ses pièces comme ses volumes, il ne les faisait même pas du tout. L'idée première à peine fixée, il prenait jour pour la lecture et appelait ses amis à la confection de la chose; Ourliac, Lassailly, Laurent-Jan, nous et d'autres, ont été souvent convoqués au milieu de la nuit ou à des heures fabuleusement matinales. Il fallait tout quitter ; chaque minute de retard faisait perdre des millions.

Un mot pressant de Balzac nous somma un jour de nous rendre à l'instant même rue de Richelieu, 104, où il avait un pied-à-terre dans la maison de Buisson le tailleur. Nous trouvâmes Balzac enveloppé de son froc monacal, et trépignant d'impatience sur le tapis bleu et blanc d'une coquette mansarde aux murs tapissés de percale carmélite agrémentée de bleu, car, malgré sa négligence apparente, il avait l'instinct de l'arrangement intérieur, et préparait toujours un nid confortable à ses veilles laborieuses; dans aucun de ses logis ne régna ce désordre pittoresque cher aux artistes.

— Enfin voilà le Théo ! s'écria-t-il en nous voyant. Paresseux, tardigrade, unau, aï, dépêchez-vous donc; vous devriez être ici depuis une heure. — Je lis demain à Harel un grand drame en cinq actes.

— Et vous désirez avoir notre avis, répondîmes-nous en nous établissant dans un fauteuil comme un homme qui se prépare à subir une longue lecture.

A notre attitude Balzac devina notre pensée, et il nous dit de l'air le plus simple : « Le drame n'est pas fait. »

— Diable fis-je. Eh bien, il faut faire remettre la lecture à six semaines.

— Non; nous allons bâcler le *dramorama* pour toucher la monnaie. A telle époque j'ai une échéance bien chargée.

— D'ici à demain, c'est impossible; on n'aurait pas le temps de le recopier.

— Voici comment j'ai arrangé la chose. Vous ferez un acte, Ourliac un autre, Laurent-Jan le troisième, de Belloy le quatrième, moi le cinquième, et je lirai à midi, comme il est convenu. Un acte de drame n'a pas plus de quatre ou cinq cents lignes; on peut faire cinq cents lignes de dialogue dans sa journée et dans sa nuit.

— Contez-moi le sujet, indiquez-moi le plan, dessinez-moi en quelques mots les personnages, et je vais me mettre à l'œuvre, lui répondis-je passablement effaré.

— Ah! s'écria-t-il avec un air d'accablement superbe et de dédain magnifique, s'il faut vous conter le sujet, nous n'aurons jamais fini.

Nous ne pensions pas être indiscret en faisant cette question, qui semblait tout à fait oiseuse à Balzac.

D'après une indication brève arrachée à grand'peine, nous nous mîmes à brocher une scène dont quelques mots seulement sont restés dans l'œuvre définitive, qui ne fut pas lue le lendemain, comme on peut bien le penser.

Nous ignorons ce que firent les autres collaborateurs; mais le seul qui mit sérieusement la main à la pâte, ce fut Laurent-Jan, auquel la pièce est dédiée.

Cette pièce, c'était *Vautrin*. On sait que le toupet dynastique et pyramidal dont Frédérick-Lemaître avait eu la fantaisie de se coiffer dans son déguisement de général mexicain attira sur l'ouvrage les rigueurs du pouvoir; *Vautrin*, interdit, n'eut qu'une seule représentation, et le pauvre Balzac resta comme Perrette devant son pot au lait renversé. Les prodigieuses martingales qu'il avait chiffrées sur le produit probable de son drame se fondirent en zéros, ce qui ne l'empêcha pas de refuser très-noblement l'indemnité offerte par le ministère.

Au commencement de cette étude, nous avons raconté les velléités de dandysme manifestées par Balzac, nous avons dit son habit bleu à boutons d'or massif, sa canne monstrueuse surmontée d'un pavé de turquoises, ses apparitions dans le monde et dans la loge infernale; ces magnificences n'eurent qu'un temps, et Balzac reconnut qu'il n'était pas propre à jouer ce rôle d'Alcibiade ou de Brummel. Chacun a pu le rencontrer, surtout le matin, lorsqu'il courait aux imprimeries porter la copie et chercher les épreuves, dans un costume infiniment moins splendide. L'on se rappelle la veste de chasse verte, à boutons de cuivre représentant des têtes de renard, le pantalon à pied quadrillé noir et gris, enfoncé dans de gros souliers à oreilles, le foulard rouge tortillé en corde autour du col, et le chapeau à la fois hérissé et glabre, à coiffe bleue déteinte par la sueur, qui couvraient plutôt qu'ils n'habillaient « le plus fécond de nos romanciers. » Malgré le désordre et la pauvreté de cet accoutrement, personne n'eût été tenté de prendre pour un inconnu vulgaire ce gros homme aux yeux de flamme, aux narines mobiles, aux joues martelées de tons violents, tout illuminé de génie, qui passait emporté par son rêve comme par un tourbillon! A son aspect, la raillerie s'arrêtait sur les lèvres du gamin, et l'homme sérieux n'achevait pas le sourire ébauché. — L'on devinait un des rois de la pensée.

Quelquefois, au contraire, on le voyait marcher à pas lents, le nez en l'air, les yeux en quête, suivant un côté de la rue puis examinant l'autre, bayant non pas aux corneilles, mais aux enseignes. Il cherchait des noms pour baptiser ses personnages. Il prétendait avec raison qu'un nom ne s'invente pas plus qu'un mot. Selon lui, les noms se faisaient tout seuls comme les langues; les noms réels possédaient en outre une vie, une signification, une fatalité, une portée cabalistique, et l'on ne pouvait attacher trop d'importance à leur choix. Léon Gozlan a conté d'une façon charmante, dans son *Balzac en pantoufles,* comme fut trouvé le fameux Z. Marcas de la *Revue parisienne.*

Une enseigne de fumiste fournit le nom longtemps cherché de Gubetta à Victor Hugo, non moins soigneux que Balzac dans l'appellation de ses personnages.

Cette rude vie de travail nocturne avait, malgré sa forte constitution, imprimé des traces sur la physionomie de Balzac, et nous trouvons dans *Albert Savarus* un portrait de lui, tracé par lui-même, et qui le représente tel qu'il était à cette époque (1842), avec un léger arrangement :

« ..... Une tête superbe · cheveux noirs mélangés déjà de quelques cheveux blancs, des cheveux comme en ont les saint Pierre et les saint Paul de nos tableaux, à boucles touffues et luisantes, des cheveux durs comme des crins, un col blanc et rond comme celui d'une femme, un front magnifique, séparé par ce sillon puissant que les grands projets, les grandes pensées, les fortes méditations inscrivent au front des grands hommes; un teint olivâtre marbré de taches rouges, un nez carré, des yeux de feu, puis les joues creusées, marquées de deux longues rides pleines de souffrances, une bouche à sourire sarde et un petit menton mince et trop court, la patte d'oie aux tempes, les yeux caves, roulant sous les arcades sourcilières comme deux globes ardents; mais malgré tous ces indices de passions violentes, un air calme, profondément résigné, la voix d'une douceur pénétrante et qui m'a surpris par sa facilité, la vraie voix de l'orateur, tantôt pure et rusée, tantôt insinuante, et tonnant quand il le faut, puis se pliant au sarcasme, et devenant alors incisive. M. Albert

Savaron est de moyenne taille, ni gras ni maigre; enfin, il a des mains de prélat. »

Dans ce portrait, d'ailleurs très-fidèle, Balzac s'idéalise un peu pour les besoins du roman, et se retire quelques kilogrammes d'embonpoint, licence bien permise à un héros aimé de la duchesse d'Argaiolo et de mademoiselle Philomène de Watteville. — Ce roman d'*Albert Savarus*, un des moins connus et des moins cités de Balzac, contient beaucoup de détails transposés sur ses habitudes de vie et de travail; on pourrait même y voir, s'il était permis de soulever ces voiles, des confidences d'un autre genre.

Balzac avait quitté la rue des Batailles pour les Jardies; il alla ensuite demeurer à Passy. La maison qu'il habitait, située sur une pente abrupte, offrait une disposition architecturale assez singulière. — On y entrait

Un peu comme le vin entre dans les bouteilles.

Il fallait *descendre* trois étages pour arriver au premier. La porte d'entrée, du côté de la rue, s'ouvrait presque dans le toit, comme une mansarde. Nous y dînâmes une fois avec L. G. — Ce fut un dîner étrange, composé d'après des recettes économiques inventées par Balzac. Sur notre prière expresse, la fameuse purée d'oignons, douée de tant de vertus hygiéniques et symboliques et dont Lassilly faillit crever, n'y figura point. — Mais les vins étaient merveilleux ! Chaque bouteille avait son histoire, et Balzac la contait avec une éloquence, une verve, une conviction sans égales. Ce vin de Bordeaux avait fait trois fois le tour du monde ; ce Château neuf-du-pape remontait à des époques fabuleuses ; ce rhum venait d'un tonneau roulé plus d'un siècle par la mer, et qu'il avait fallu entamer à coups de hache, tant la croûte formée à l'entour par les coquillages, les madrépores et les varechs était épaisse. Nos palais, surpris, agacés de saveurs acides, protestaient en vain contre ces illustres origines. Balzac gardait un sérieux d'augure, et malgré le proverbe, nous avions beau lever les yeux sur lui, nous ne le faisions pas rire !

Au dessert figuraient des poires d'une maturité, d'une grosseur, d'un fondant et d'un choix à honorer une table royale. — Balzac en dévora cinq ou six dont l'eau ruisselait sur son menton; il croyait que ces fruits lui étaient salutaires, et il les mangeait en telle quantité autant par hygiène que par friandise. Déjà il ressentait les premières atteintes de la maladie qui devait l'emporter. La Mort, de ses maigres doigts, tâtait ce corps robuste pour savoir par où l'attaquer, et n'y trouvant aucune faiblesse, elle le tua par la pléthore et l'hypertrophie. Les joues de Balzac étaient toujours vergetées et martelées de ces plaques rouges qui simulent la santé aux yeux inattentifs; mais pour l'observateur, les tons jaunes de l'hépatite entouraient de leur auréole d'or les paupières fatiguées; le regard, avivé par cette chaude teinte de bistre, ne paraissait que plus vivace et plus étincelant et trompait les inquiétudes.

En ce moment, Balzac était très-préoccupé de sciences occultes, de chiromancie, de cartomancie; on lui avait parlé d'une sibylle plus étonnante encore que mademoiselle Lenormand, et il nous détermina, ainsi que madame E. de Girardin et Méry, à l'aller consulter avec lui. La pythonisse demeurait à Auteuil, nous ne savons plus dans quelle rue; cela importe peu à notre histoire, car l'adresse donnée était fausse. Nous tombâmes au milieu d'une famille d'honnêtes bourgeois en villégiature : le mari, la femme et une vieille mère à qui Balzac, sûr de son fait, s'obtinait à trouver un air cabalistique. La bonne dame, peu flattée qu'on la prit pour une sorcière, commençait à se fâcher; le mari nous prenait pour des mystificateurs ou des filous; la jeune femme riait aux éclats, et la servante s'empressait de serrer l'argenterie par prudence. Il fallut nous retirer avec notre courte honte; mais Balzac soutenait que c'était bien là, et, remonté dans la voiture, grommelait des injures à l'endroit de la vieille : « Stryge, harpie, magicienne, empouse, larve, lamie, lémure, goule, psylle, aspiole, » et tout ce que l'habitude des litanies de Rabelais pouvait lui suggérer de termes bizarres. Nous dîmes : « Si c'est une sorcière, elle cache bien son jeu, — De cartes, ajouta madame de Girardin avec cette prestesse d'esprit qui ne lui fit jamais défaut. Nous essayâmes encore quelques recherches, toujours infructueuses, et Delphine prétendit que Balzac avait imaginé cette *ressource de Quinola* pour se faire conduire en voiture à Auteuil, où il avait affaire, et se procurer d'agréables compagnons de route. — Il faut croire, cependant, que Balzac trouva seul cette madame Fontaine que nous cherchions de concert, car, dans les *Comédiens sans le savoir*, il l'a représentée entre sa poule Bilouche et son crapaud Astaroth avec une effrayante vérité fantastique, si ces deux mots peuvent s'allier ensemble. La consulta-t-il sérieusement? l'alla-t-il voir en simple observateur? Plusieurs passages de la *Comédie humaine* semblent impliquer chez Balzac une sorte de foi aux sciences occultes, sur lesquelles les sciences officielles n'ont pas dit encore leur dernier mot.

Vers cette époque, Balzac commença à manifester du goût pour les vieux meubles, les bahuts, les potiches; le moindre morceau de bois vermoulu qu'il achetait rue de Lappe avait toujours une provenance illustre, et il faisait des généalogies circonstanciées à ses moindres biblots. — Il les cachait ça et là, toujours à cause de ces créanciers fantastiques dont nous commencions à douter. Nous nous amusâmes même à répandre le bruit que Balzac était millionnaire, qu'il achetait de vieux bas aux négociants en hannetons pour y serrer des onces, des quadruples, des génovines, des crusades, des colonnates, des doubles louis, à la façon du père Grandet; nous disions partout qu'il avait trois citernes, comme Aboul-Casem, remplies jusqu'au bord d'escarboucles, de dinars et de tomans. « Théo me fera couper le cou avec ses blagues ! » disait Balzac, contrarié et charmé.

Ce qui donnait quelque vraisemblance à nos plaisanteries, c'était la nouvelle demeure qu'habitait Balzac, rue Fortunée, dans le quartier Beaujon, moins peuplé alors qu'il ne l'est aujourd'hui. Il y occupait une petite maison mystérieuse qui avait abrité les fantaisies du fastueux financier. Du dehors, on apercevait au-dessus du mur une sorte de coupole repoussée par le plafond cintré d'un boudoir et la peinture fraîche des volets fermés.

Quand on pénétrait dans ce réduit, ce qui n'était pas facile, car le maître du logis se célait avec un soin extrême, on y découvrait mille détails de luxe et de confort en contradiction avec la pauvreté qu'il affectait. — Il nous reçut pourtant un jour, et nous pûmes voir une salle à manger revêtue de vieux chêne, avec une table, une cheminée, des buffets, des crédences et des chaises en bois sculpté, à faire envie à Berruguète, à Cornejo Duque et à Verbruggen ; un salon de damas bouton d'or, à portes, à corniches, à plinthes et embrasures d'ébène ; une bibliothèque rangée dans des armoires incrustées d'écaille et de cuivre en style de Boule, et dont la porte, cachée par des rayons, une fois fermée, est introuvable ; une salle de bain en brèche jaune, avec bas-reliefs de stuc : un boudoir en dôme, dont les peintures anciennes avaient été restaurées par Edmond Hédouin ; une galerie éclairée de haut, que nous reconnûmes plus tard dans la collection du *Cousin Pons*. Il y avait sur les étagères toutes sortes de curiosités, des porcelaines de Saxe et de Sèvres, des cornets de céladon craquelé, et dans l'escalier, recouvert d'un tapis, de grands vases de Chine et une magnifique lanterne suspendue par un câble de soie rouge.

— Vous avez donc vidé un des silos d'Aboul-Casem ? dîmes-nous en riant à Balzac, en face de ces splendeurs ; vous voyez bien que nous avions raison en vous prétendant millionnaire.

— Je suis plus pauvre que jamais, répondait-il en prenant un air humble et papelard ; rien de tout cela n'est à moi. J'ai meublé la maison pour un ami qu'on attend. — Je ne suis que le gardien et le portier de l'hôtel.

Nous citons là ses paroles textuelles. Cette réponse, il la fit d'ailleurs à plusieurs personnes étonnées comme nous. Le mystère s'expliqua bientôt par le mariage de Balzac avec la femme qu'il aimait depuis longtemps.

Il y a un proverbe turc qui dit : « Quand la maison est finie, la mort entre. » C'est pour cela que les sultans ont toujours un palais en construction qu'ils se gardent bien d'achever. La vie semble ne vouloir rien de complet — que le malheur. Rien n'est redoutable comme un souhait réalisé.

Les fameuses dettes étaient enfin payées; l'union rêvée accomplie, le nid pour le bonheur ouaté et garni de duvet; comme s'ils eussent pressenti sa fin prochaine, les envieux de Balzac commençaient à le louer : les *Parents pauvres*, le *Cousin Pons*, où le génie de l'auteur brille de tout son éclat, ralliaient tous les suffrages. — C'était trop beau ; il ne lui restait plus qu'à mourir.

Sa maladie fit de rapides progrès, mais personne ne croyait à un dénoûment fatal, tant on avait confiance dans l'athlétique organisation de Balzac. Nous pensions fermement qu'il nous enterrerait tous.

Nous allions faire un voyage en Italie, et avant de partir nous voulûmes dire adieu à notre illustre ami. Il était sorti en calèche pour retirer à la douane quelque curiosité exotique. Nous nous éloignâmes rassuré, et au moment où nous montions en voiture, on nous remit un billet de madame de Balzac, qui nous expliquait obligeamment et avec des regrets polis pourquoi nous n'avions pas trouvé son mari à la maison. Au bas de la lettre, Balzac avait tracé ces mots.

« Je ne puis ni lire, ni écrire.

» De Balzac. »

Nous avons gardé comme une relique cette ligne sinistre, la dernière probablement qu'écrivit l'auteur de la *Comédie humaine ;* c'était, et nous ne le comprîmes pas d'abord, le cri suprême, *Eli lamma Sabacthanni!* du penseur et du travailleur. — L'idée que Balzac pût mourir ne nous vint seulement pas.

A quelques jours de là, nous prenions une glace au café Florian, sur la place Saint-Marc ; le *Journal des Débats*, une des rares feuilles françaises qui pénètrent à Venise, se trouva sous notre main, et nous y vîmes annoncer la mort de Balzac. — Nous faillîmes tomber de notre chaise sur les dalles de la place à cette foudroyante nouvelle, et à notre douleur se mêla bien vite un mouvement d'indignation et de révolte peu chrétien, car toutes les âmes ont devant Dieu une égale valeur. Nous venions de visiter justement l'hôpital des fous dans l'île de San-Servolo, et nous avions vu là des idiots décrépits, des gâteux octogénaires, des larves humaines que ne dirigeait même plus l'instinct animal, et nous nous demandâmes pourquoi ce cerveau lumineux s'était éteint comme un flambeau qu'on souffle, lorsque la vie tenace persistait dans ces têtes obscures vaguement traversées de lueurs trompeuses.

Neuf ans déjà se sont écoulés depuis cette date fatale. La postérité a commencé pour Balzac; chaque jour il semble plus grand. Lorsqu'il était mêlé à ses contemporains, on l'appréciait mal, on ne le voyait que par fragments sous des aspects parfois défavorables : maintenant l'édifice qu'il a bâti s'élève à mesure qu'on s'en éloigne, comme la cathédrale d'une ville que masquaient les maisons voisines, et qui à l'horizon se dessine immense au-dessus des toits aplatis. Le monument n'est pas achevé, mais, tel qu'il est, il effraye par son énormité, et les générations surprises se demanderont quel est le géant qui a soulevé seul ces blocs formidables et monté si haut cette Babel où bourdonne toute une société.

Quoique mort, Balzac a pourtant encore des détracteurs ; on jette à sa mémoire ce reproche banal d'immoralité, dernière injure de la médiocrité impuissante et jalouse, ou même de la pure bêtise. L'auteur de la *Comédie humaine*, non-seulement n'est pas immoral, mais c'est même un moraliste austère. Monarchique et catholique, il défend l'autorité, exalte la religion, prêche le devoir, morigène la passion, et n'admet le bonheur que dans le mariage et la famille.

« L'homme, dit-il, n'est ni bon, ni méchant ; il naît avec des instincts et des aptitudes ; la société, loin de le dépraver, comme l'a prétendu Rousseau, le perfectionne, le rend meilleur ; mais l'intérêt développe aussi ses penchants mauvais. Le christianisme, et surtout le catholicisme, étant, comme je l'ai dit dans le *Médecin de campagne,* un système complet de répression des tendances dépravées de l'homme, est le plus grand élément de l'ordre social. »

Et avec une ingénuité qui sied à un grand homme, prévoyant le reproche d'immoralité que lui adresseront des esprits mal faits, il dénombre les figures irréprochables comme vertu qui se trouvent dans la *Comédie humaine* : Pierrette Lorrain, Ursule Mirouët, Constance Birotteau, la Fosseuse, Eugénie Grandet, Marguerite Claës, Pauline de Villenoix, madame Jules, madame de la Chanterie, Eve Chardon, mademoiselle d'Esgrignon, madame Firmiani, Agathe Rouget, Renée de Maucombe, sans compter parmi les hommes, Joseph Le Bas, Genestas, Benassis, le curé Bonnet, le médecin Minoret, Pillerault, David Séchard, les deux

Birotteau, le curé Chaperon, le juge Popinot, Bourgeat, les Sauviat, les Tascherons, etc.

Les figures de coquins ne manquent pas, il est vrai, dans la *Comédie humaine*. Mais Paris est-il peuplé exclusivement par des anges ?

FIN

CONCORDIAE FRUCTUS

www.ingramcontent.com/pod-product-compliance
Lightning Source LLC
LaVergne TN
LVHW011957220826
846092LV00001B/196

9782019721497